I0814047

HISTORIAS DE LA VIDA EN NEFAS

HISTORIAS DE LA VIDA EN NEFAS

UNA NOVELA

FRANZ MÖLLER

ESPAÑOL®
BRENTWOOD, TENNESSEE

Historias de la vida en Nefas: Una novela

B&H Publishing Group
Brentwood TN, 37027

Diseño de portada: Micah Kandros.
Fotografía: Oleksii Bulgakov/shutterstock.

Clasificación: F
Clasifíquese: LIBERTAD—FICCIÓN \ PEREGRINOS Y PEREGRIANCIONES—FICCIÓN \ PAÍSES EN DESARROLLO—FICCIÓN

ISBN: 978-1-0877-8671-1

Impreso en EE. UU.
1 2 3 4 5 * 27 26 25 24

A Nadia, razón de mis razones,
por el regalo de compartir lo cotidiano.
A Bárbara e Irina, amadas de mi corazón,
por devolverme el asombro y la maravilla.

Índice

Capítulo primero

¡Nefas!

¡Bienvenidos a Nefas!

Aquí los problemas comienzan cuando alguien decide hacer bien las cosas. Sí, no es la mejor cuña turística ni funciona como un eslogan publicitario, pero agradezca saber la verdad desde el principio. Nada de eufemismos.

Nefas es un espacio incrustado en un rincón de este planeta. Hace más de tres siglos un grupo de familias fundadoras llegaron soñando con la libertad. Huían de tierras donde sus miembros fueron perseguidos por sus formas de pensar y vivir. Al poner la primera roca fundacional los recién llegados aspiraban a rehacer su existencia sin cadenas ni injerencias. Esas docenas de colonos primitivos izaron la bandera de la dignidad y abrazaron los ideales de una humanidad igualitaria y solidaria.

Los comienzos fueron modestos, pero el trabajo dio sus frutos. Las ciudades surgieron. Se levantaron escuelas, industrias, templos y unas muy completas bibliotecas. La ciencia y la técnica fueron cultivadas con esmero y con los años dejaron sentir sus beneficios sobre la creciente población. Se formaron círculos de poesía y se estrenaron teatros con músicos de vanguardia. La democracia también hizo lo suyo e instaló los primeros gobiernos locales. Lo que vino después fueron momentos de gran gloria. Imposible olvidar los días cuando el estadio central de la capital se vistió de gala para oficiar como una de las sedes del mundial de fútbol. La alegría que en esas semanas recorrió las calles aún se puede apreciar en algunas fotografías de color sepia. Más tarde las ciudades del sur de Nefas se convirtieron en lugares de moda para los viajes de fin de curso de generaciones de estudiantes que terminaban su escolaridad. Sí, fueron esos tiempos de risas, belleza y excesos de juventud (el que esté libre de pecado ya sabe qué hacer con la piedra que tiene en la mano). ¿Y cómo no? Del amor y el placer también se supo —y mucho— por estos lares. No en vano muchos recién casados venían desde el extranjero a Nefas para gozar de una deleitosa luna de miel.

Pero el tiempo corre y la violencia corroe.

Así, ese Edén original acabó convertido en una zona de inequidad y poblada por una comunidad engatillada y a punto de disparar mortíferas municiones.

Muchos viejos contemplaron la decadencia en un par de décadas. Fueron los mismos abuelos que murieron esperando un resurgimiento que nunca llegó. Frente a los ojos de esos veteranos desfiló un trozo de mundo que cambió demasiado rápido: multitudes enardecidas iban a las plazas para exigir a gritos la renuncia del gobernante del signo que fuera; las balas del sicariato demostraron ser más eficaces que las urnas y los votos cuando la idea era derrocar a una autoridad; y las sentencias judiciales tendían a la absolución de los pocos acusados que una famélica fiscalía se atrevía a perseguir. Por su parte, en la prensa los hechos se confundían con las opiniones y en las redes sociales la honestidad era maltratada con desparpajo. En eso, en la academia se instaló con fuerza la censura de aquellos intelectuales cuyas palabras eran tildadas de irritante provocación y así, entre sensaciones de crispación y acciones de cancelación, el silencio fue el mejor refugio. Pero quizás lo peor de todo acabó siendo la mentalidad que la población fue forjando: se instaló un tipo de pensamiento acostumbrado al atajo, la reflexión colectiva se volvió superficial y —poco a poco— se implantó una cierta complacencia frente a la violencia y la corrupción de las instituciones.

Hoy ya son cientos los que han emigrado. Casi todos se marchan jurando que jamás regresarán. Unos se alejan por miedo, pese a que nunca fueron atacados. «¿Y qué quiere, que espere mi turno para que me vuelen los sesos?», se quejaban con amargura. Otros alegaban haber sido victimizados, como ese que dijo: «Maldita sea: ¡el desgraciado estaba allí, dentro de la habitación de mi hija menor, paseándose con un arma de fuego!». La lista del éxodo aumenta si se incluyen los empresarios quebrados, los dueños de comercios saqueados y los que se cansaron de volver a empezar para solo fracasar de nuevo. Por allí hay quienes se largan reclamando algo más de respeto y, por cierto, hay oportunistas que salen buscando otro lugar donde el sol caliente mejor.

Sí, todavía hay varios miles que apuestan por quedarse en Nefas. ¿Será que sueñan con porfía con un renacer de la nación? Al mirarlos de cerca y conversar con ellos uno advierte que son vecinos sin complejos mesiánicos. No se creen santos ni héroes y ninguno postula a ganarse un monumento para cuando muera. Son habitantes sencillos que siguen aferrados a una vieja convicción: al final vale la pena jugar limpio. Para ellos, y lo admiten con pragmatismo, Nefas continúa siendo el metro cuadrado donde nacieron o al que llegaron y en el que pueden, entre otras cosas, estudiar en una de sus universidades, ser atendidos en sus hospitales o caminar por esos bosques metropolitanos compuestos de árboles frondosos que regalan sombras a los transeúntes y cobijo a los pájaros cantores. En fin, un espacio —si no perfecto, al menos funcional— donde la vida pública puede ocurrir gracias a sus luminarias, avenidas de alta velocidad, napas de aguas subterráneas, amén de sus unidades policiales, sus tribunales de justicia y su red de transporte urbano e interurbano.

Con todo, el momento social que hoy se vive en Nefas es de alta convulsión. Desde hace ya varios meses tienen lugar ciertas agitaciones violentas en las que resulta difícil distinguir la protesta política y la reivindicación social con el mero antojo de destruir los fundamentos y generar un estado de anomia. Está todo mezclado, hay universitarios que apuestan por cambiar el mundo junto con encapuchados con tendencias patológicas a la provocación de incendios en nombre de la justicia; la policía ha sido mandatada para recuperar los espacios públicos y no faltan los agentes que disparan sin necesidad ni racionalidad sus fusiles antidisturbios; y así la judicatura local tendrá que decidir entre condenar o justificar estos tiempos de revuelta. Y para tensionar más la situación los medios de comunicación siempre tienen algo que decir, sea informando o desinformando a la población.

En medio de este microuniverso —cada vez más alterado y con menos certezas— destacan un puñado de habitantes de Nefas cuya suerte se podría resumir así: lo pasaron mal por hacer el bien.

Capítulo segundo

I

Débora Bellum camina hacia la facultad. Esa mañana el frío invernal traspasa su ropa gruesa hasta rozarle la piel. Tirita. De su boca sale vapor cuando saluda al vecino que se le cruza por delante. Lamenta no traer su vaso térmico de café. Pero es una buena perdedora y sigue caminando sin aflojar el ritmo.

En la esquina se halla una familia de inmigrantes. Le basta un segundo para descifrar la escena: papá, mamá y dos niños de corta edad. Sí, otro grupo de indocumentados pidiendo monedas a los automovilistas detenidos bajo la luz roja del semáforo. Le resulta imposible no frenar su marcha por algunos segundos para observar la imagen. Es un cuadro cotidiano, es cierto, pero le sigue doliendo. «¿Dónde habrán pasado la noche?», se pregunta. Achina los ojos para verificar en la distancia si, a simple vista, esos dos pequeños podrán resistir las bajas temperaturas. «¿Será que van a conseguir algo para el desayuno?». Se revisa los bolsillos, pero además de unos pañuelos desechables y de su tarjeta estudiantil para el transporte, no lleva un mísero peso.

Retoma el tranco. Sus pisadas ahora son más marcadas. Sus pies atestiguan la rabia que de a poco ha comenzado a recorrerla por dentro. Recuerda que la primera clase de hoy será Teoría Constitucional. Con algo de cinismo rompe el silencio y se sorprende recitando en voz baja: «Las personas nacen libres e iguales en dignidad y derechos». Se pregunta si podrá interrumpir una vez más al profesor para dispararle otro misil de aquellos: «¿Para qué llenarnos la cabeza de declaraciones grandilocuentes si la calle se encarga cada día de matar esa ilusión de justicia?». Y basta esa chispa de encono para encender un fuego rabioso en su cerebro de jurista en formación: «¡Tratados internacionales sobre derechos humanos!, ¡reformas constitucionales!, ¡doctrinas de afamados académicos!, ¿para qué?, ¡multitud de normas jurídicas que no quitan el hambre ni abrigan del frío!». Y sigue caminando, cabeza gacha, labios que se mueven sin que nadie oiga lo que está mascullando y ojos abiertos mirando el suelo.

Recuerda el día cuando escogió su carrera. El último año de la secundaria se debatía entre periodismo, psicología o derecho. Su ansiedad se acrecentaba conforme se acercaba la temporada de los exámenes de admisión universitaria. El orientador del colegio resultó ser para ella un perfecto inútil: «Escucha tu corazón, Débora. Busca a fondo dentro de ti». ¡Falso! ¡Nada más cursi que toda esa perorata sobre el futuro! Al final casi opta por lanzar una moneda al aire para zanjar de una vez su angustia vocacional. Tres días antes de rendir los exámenes se sinceró consigo misma: «El periodismo denuncia los males sociales, pero no cambia en nada la realidad. La psicología permite restaurar una personalidad quebrada, pero no evitará que las desgracias revienten cada 24 horas. En cambio, el derecho, por peligroso que sea en términos de corrupción personal, me permitiría ingresar al sistema que origina los males». Y así, con más culpa que paz en la conciencia, se matriculó en la Facultad de Derecho de la Universidad de Nefas.

Aprobó las primeras materias pese a los entuertos intelectuales en los que se vio envuelta por su particular manera de entender la realidad.

—A ver, señorita Bellum, dígame usted —le consultó el decano cuando, por sorteo, fue él quien la interpeló en su primer examen oral.

—¿Cuál debe ser el fin último que justifica la dictación de la ley según Tomás de Aquino?

—El bien común, profesor —respondió ella sabiendo que acertaba, pero sintiéndose frustrada por acallar lo que de verdad pensaba—. Pero quiero agregar algo —se atrevió a decir sorprendiendo a la comisión examinadora.

—¿Qué dice, señorita? —le preguntó un decano poco acostumbrado a que los estudiantes tuvieran iniciativa e iniciaran un diálogo con el tribunal examinador—. Señorita, le recuerdo que su examen ha terminado. Cualquier comentario adicional podría perjudicar su calificación —le advirtió.

—Sí, profesor, lo sé bien —contestó ella con seguridad—. Sólo quiero precisar que me parece mucho mejor la postura de Hans Kelsen, esto es, que conviene renunciar de una vez por todas a perseguir la justicia. Admitámoslo, es un ideal irracional. Es igual a dibujar un unicornio, cualquiera podría hacerlo con un lápiz y un papel pese a que jamás nadie ha visto uno. ¿Me explico? No digo que la justicia sea una estupidez, pero sí que se trata de una idea imposible de ser alcanzada por la sola razón. Eso nada más.

Se produjo un largo silencio. Lo cierto es que el decano estaba dispuesto a reprobarla. Y no porque Débora hubiese sostenido una herejía jurídica, sino porque esa actuación le parecía de un atrevimiento innecesario. Fue la presencia de un recién llegado, Mateo Docere, un académico joven y el que menos credenciales tenía frente a sus pares, el que aquietó las aguas.

—Señor decano, si me permite, diría que la respuesta de la estudiante es correcta. La señorita Bellum no ha hecho más que citar la *Teoría pura del derecho*.

El decano miró con molestia a Docere. Hubiera querido recordarle que él estaba ahí para oficiar como secretario de actas. Pero fue pragmático y optó por evitar un mal rato.

—Señorita Bellum, aprobada. Ahora retírese, por favor.

Pero esta mañana el frío es tan intenso que prefiere borrar de su memoria ese recuerdo y seguir caminando. Quiere llegar a tiempo a su clase, no solo para encontrar un buen sitio dentro del salón sino para pasar por la cafetería y usar sus bonos de comida para conseguir un vaso grande de «petróleo crudo» (como gusta llamar al café más negro y puro, sin leche y sin azúcar ni endulzante). Así que sigue caminando, apurada.

A pocas cuadras de la universidad se percata de una anciana que, en la puerta de un antiguo edificio, alimenta a un par de gatos callejeros. Los felinos —flacos y tiñosos— se le acercan con algo de desconfianza, pero al final se atreven a comer del guiso caliente que la abuela les deja en el suelo. Débora se enternece con este gesto. Le gusta. Los animales mastican con ganas. Pero en cuestión de segundos su mente justiciera la lleva de vuelta a esa familia extranjera que minutos antes mendigaba una limosna. «Mala distribución de los recursos», «distorsionada escala de valores», «¡el mundo al revés!», piensa molesta y refunfuña para sí. Y un poco más encolerizada que antes, acelera sus pasos para llegar a su facultad.

Los últimos metros que la separan de su casa de estudios los recorre con la mente funcionando al cien por cien. Se pregunta si los demás transeúntes mirarán la ciudad de la misma forma que ella lo hace. Le parece que en general el grueso de los automovilistas y peatones están demasiado concentrados en su propia suerte como para atender las desgracias ajenas. «Débora, eres demasiado inocente, vivimos en un mundo lleno de maldad, ¿por qué no lo aceptas?», le había dicho en más de una ocasión una de sus amigas. «Hija mía, tu corazón es demasiado noble para un mundo tan cruel como el que nos toca vivir», habían sido las palabras de su padre hacía unos domingos después del almuerzo familiar. «Amiga, cierra los ojos por un rato. De lo contrario vas a enloquecer», fue la advertencia de un compañero de curso después de una larga conversación en el casino sobre la pobreza.

Pero ninguno de esos consejos hacía mella en la conciencia de esta chica. Ella se había propuesto —y lo cumpliría— estudiar una carrera que la capacitara para transformar el mundo. Ni más ni menos. Lo que para muchos de sus amistades y parientes era una meta colosal e imposible de cumplir, constituía para Débora una sentida declaración de principios. De veras le dolía la injusticia. Las desigualdades sociales la perturbaban con frecuencia. Y las desgracias humanas sufridas por los sujetos más desventajados solían ser sus temas recurrentes, al punto que varios de sus interlocutores optaban por alejarse de ella encontrándola densa y amarga. No faltaron las amigas que insistían en sugerirle que la vida era demasiado corta para desperdiciar la belleza y los placeres. La invitaban a salir, a vacacionar en viajes sin censuras, le proponían comedias livianas de televisión y en más de una ocasión le cambiaban el tema de conversación de forma drástica: de la corrupción sistémica a la dulzura de los besos húmedos en una noche de romance.

«Amigas, sí tienen razón en un punto, no pretendo volverme una vieja amargada. Pero se equivocan si creen que estoy jugando cuando afirmo que escogí esta carrera para entrar al sistema y cambiarlo desde adentro», les había dicho Débora a sus compañeras una noche de viernes en un bar cercano a la universidad. «Seamos sinceras, ¿de qué sirve memorizar artículos e incisos de una legislación ajena a la realidad que nos rodea? ¡No nos engañemos a nosotras mismas, por favor! Un mínimo de honestidad es todo lo que pido. ¿Acaso piensan llenarse el cerebro de sentencias judiciales desconectadas de lo cotidiano? No, compañeras, no cuenten conmigo para tamaña enajenación», afirmó ella entre vasos de cerveza levantados en su honor.

—Oye, Débora, ¡tú deberías ser nuestra candidata! —le propusieron esa misma noche las más locuaces.

—¿Yo? ¿Y candidata a qué, se podría saber? —les contestó con una risa grande.

—A lo que sea, pues alcaldesa, gobernadora, diputada, senadora o presidenta —acotó otra de las comensales—. Pero eso sí —complementó al toque—, cuando llegues a la cima del poder nos tendrás que designar en carteras ministeriales y embajadas estratégicas, mira que nosotras le daremos a tu gobierno una cara más amable.

A eso le siguieron las risotadas, nuevos brindis y una que otra pachotada de esas que se escapan en la intimidad, en especial cuando el alcohol revolotea entre neurona y neurona.

II

Débora aprendió rápido a moverse dentro de los vericuetos de su facultad. No había rincón donde su curiosidad no la llevara a entrar. Se pasaba sus mañanas y también algunas tardes circulando entre las aulas, la biblioteca, los patios interiores y exteriores, el comedor y la cafetería. Se sentía a gusto en ese lugar, si quería estar a solas, le bastaba subir al cuarto piso del edificio —muy poco transitado— y recorrer de una esquina a otra los largos pasillos. Le encantaba ese deambular sin rumbo fijo, en especial aquellas tardes cuando los rayos del sol atravesaban los amplios ventanales alumbrándolo todo. Y al revés, si anhelaba de la compañía de algún tertuliano, nada más tenía que salir a uno de los patios y mirar hacia las gradas o la fuente de agua para hallar al instante a un desocupado compañero dispuesto a conversar sobre lo que fuera.

Pero, sin duda, su espacio más confortable llegó a ser el comedor. Y esto no por la calidad de los almuerzos o meriendas, sino porque en esas mesas se daban cita algunos estudiantes para discutir a fondo cuestiones que despertaban su interés. En más de una ocasión —entre tallarines con salsa o lentejas con trozos de longaniza— ese fue el escenario donde surgieron, de forma espontánea, largos debates sobre la irrupción de las mujeres en los espacios de poder; nuevos y viejos liberalismos y socialismos; la autonomía de la voluntad en las expresiones sexuales; y —¡no podía faltar!— la presencia o ausencia de Dios en medio del caos humano. «Si de veras hubiera alguien controlándolo todo, ¿por qué todavía hay tantos niños maltratados y mujeres violentadas? ¿Qué clase de ser superior sería ese que ha perdido las riendas de sus criaturas, encima cada vez más crueles?», le dijo ella a un compañero que trataba de compartirle su fe un día cuando el menú incluía pescado frito con ensalada griega.

Los bibliotecarios llegaron también a tomarle confianza. No era para menos, con el paso del tiempo se fue evidenciando que ella era una de las lectoras más asiduas. Claro, poco a poco su nombre comenzó a repetirse en los registros de libros prestados.

—Débora, ha llegado al máximo de veces posibles para renovar este préstamo —le dijo en más de una ocasión don Gaspar, el más anciano de los encargados de la biblioteca—. Pero usted sabe, pues, espérese nada más 24 horas y si nadie lo ha pedido, se lo devuelvo con todo gusto por otros siete días —le decía él mientras ella le iba entregando uno por uno los libros que traía en la mochila.

—Amiga, ¿en qué momento puedes leer tanto? —le preguntó una compañera al verla salir de la biblioteca con dos volúmenes enormes de Derecho Penal y, además, una novela policiaca—. Dime, por favor, ¿cuál es tu secreto? —insistía la chica.

—Está bien, te diré. Y conste que solo lo revelo porque eres tú. Mira, el secreto es que no tengo ningún secreto. Tal cual, leo lo que puedo y leo cuando puedo. Es todo —dijo Débora sonriendo, segura de que con esa respuesta había desilusionado a su intrigada comadre.

En las horas de clases, Débora era intensa. Su timidez, si acaso alguna vez la tuvo, duró los primeros días del año académico. A la semana, ya comenzaba a destacar por sus preguntas —directas, sin filtro— a los profesores. «¿Por qué insiste en relacionar el derecho con la moral siendo que en los tribunales se oyen mentiras todos los días? ¿De qué democracia estamos hablando cuando los extranjeros son tratados como parias? ¿Es legítimo que los jueces interpreten las leyes a la luz de sus propias conciencias? ¿Hasta cuándo se sermonea con la igualdad si a la hora de distribuir el poder las mujeres siguen excluidas?». Y así para finales del semestre ya era conocida entre los catedráticos que dictaban cursos en el primer nivel de la carrera.

—Colega —le decía una profesora a otra una mañana cualquiera en la cafetería—, esa estudiante de apellido Bellum ha vuelto a bombardearme con sus dilemas. Me dificulta el avance de la exposición de mi materia, pero admito que me agrada su actitud inquisitiva.

—Sí, claro, a mí también —respondía la otra maestra—, y por lo menos una vez no supe qué contestarle con certeza.

Fue a la salida de una clase sobre derecho y política cuando, así como de la nada, se le acercó una chica colorina, de baja estatura, pero firme de voz y carácter.

—Hola, te llamas Débora, ¿verdad? Mucho gusto. Soy Irene Spes. ¿Tienes tiempo para conversar? Me dejaste pensando con la pregunta que hoy le hiciste a la profesora y me gustaría seguir el debate.

—Por supuesto, Irene. Mucho gusto también —replicó. Y al instante acotó, como siempre, sin anestesia—. ¿No me vas a decir que sí te hizo sentido la vaguedad de respuesta de la maestra? Si de pronto hasta me pareció que se escapaba del tema con una de esas frases de candidatas a Miss Universo: ¡Lo importante es la paz mundial!

Y ambas echaron a reír. Así, la afinidad entre ellas fue instantánea. A partir de ese momento comenzaron a buscarse la una a la otra, a esperarse en los recreos para ir juntas a la cafetería, a recomendarse libros mutuamente y, después de varias caminatas de regreso a sus casas, a transparentarse sus dudas y temores.

—Irene, ¿sabes qué? —se sinceró Débora durante los minutos de un almuerzo compartido en el comedor—. En este mundo hay demasiada brutalidad y me aterra imaginar que de tanto leer y estudiar un día despierte y, sin darme cuenta cómo, me halle convertida en una de esas teóricas que son capaces de explicarlo todo con palabras, pero que a la hora de la verdad nunca hicieron nada por curar una herida o evitar una muerte injusta. —Y sin dejar de pinchar con su tenedor un par de raviolis de jamón y queso, Débora continuó—: Anoche mismo cuando estaba por quedarme dormida, escuché con claridad los alaridos de mi vecina porque, otra vez, su marido desquitaba la frustración de su cesantía golpeándola con furia. —Masticó el bocado, tragó y guardó unos segundos de silencio—. Estaba decidida, como ya lo he hecho antes, a llamar de inmediato a la policía, pero por primera vez me detuve a pensar en la utilidad de mi sentido de urgencia. Recordé que pocos días atrás, en una escena similar, la patrulla llegó al rescate en respuesta a mi advertencia y ¿sabes qué pasó? Mi vecina negó los hechos, afirmó que en su casa todo andaba bien y muchas gracias por todo, pero ella no necesitaba ninguna ayuda ni socorro.

Irene la escuchaba con atención. Admiraba no solo el sentido de justicia que percibía en su compañera, sino también la forma seria y aguerrida en la que se comprometía a luchar contra esas manifestaciones cotidianas de violencia y maldad. Pero así también, de tanto oírla hablar sobre el dolor humano y después de compartir con ella varias tazas de café y algunas docenas de ensaladas en el comedor, la pequeña colorina fue comprobando una transformación en el carácter y la conducta de su querida amiga. Mes a mes, y lectura tras lectura, Débora iba petrificando sus convicciones y anulando sus dudas.

—¡Hay que ser muy estúpida para seguir casada con un animal de esa calaña! —se lamentaba Débora con los cachetes rojos de rabia ante una Irene que siempre la oía con atención, pero que no lograba dimensionar el nivel de resentimiento que se iba incubando en la mente y el corazón de su compañera.

—Débora, entiendo tu rabia y sabes que celebro tu impulso por revertir las maldiciones, pero de pronto —le decía Irene— me queda la duda si no te estarás envenenando con los desechos que los otros propagan.

No mucho después, Débora e Irene discutieron por este asunto. Era notorio que tenían miradas distintas sobre cómo lidiar con los abusos y la injusticia.

—Irene, ¡basta ya! Esa pasividad tuya, esa calma ante el dolor de los que ahora sufren, me molesta y hasta me ofende. Al paso que vas, tu silencio y tu quietud te harán cómplice de las degradaciones que al principio pensabas combatir. Recuerdo que me dijiste que te matriculaste en esta facultad para hacer de la abogacía una herramienta para defender al necesitado. Ahora veo que esas palabras tuyas eran meras poesías.

Irene resintió la bravata de su compañera. Hubiera querido replicarle y claro que podía hacerlo. La pequeña colorina era diestra en los argumentos y debates, pero entendió que estaba atrapada en una de esas acaloradas disputas en las que mejor hacía quien menos decía.

Las dos jóvenes lograron superar la controversia que las enemistó por unos días, pero estaba claro que la amistad había quedado lesionada. Siguieron tratándose con respeto por la madurez de una y otra, aunque en sus conversaciones faltaban el humor y la alegría que antes fluía con libertad en sus conversaciones.

Para cuando en Nefas estalló la ira social, Débora y la pequeña colorina se encontraban próximas a egresar de sus carreras. Débora discutía en casa y en la facultad sobre el rumbo que estaban tomando los acontecimientos. Observaba que en las marchas multitudinarias que colmaban las calles centrales de la ciudad había un reclamo de justicia irrenunciable: la población no toleraba más la mala calidad de ciertos servicios públicos cruciales para la vida social. Las denuncias eran muchas y distintas entre sí, mas había tres que reunían la mayor cantidad de críticas y molestias: los enfermos morían sin ser atendidos en los hospitales públicos; la calidad de la educación que los niños recibían dependía de la capacidad económica de sus padres, y los ancianos tenían que hacer magia para sobrevivir gracias a las paupérrimas pensiones de vejez que recibían de parte de la Seguridad Social.

Irene optó por expresar sus críticas a través de la publicación de sesudos ensayos, escribiendo cartas a la prensa y anotándose como voluntaria en un centro de reforzamiento académico para niños inmigrantes. Débora volcó su malestar pintando pancartas con frases inteligentes, impartiendo clases populares de educación cívica en sindicatos y marchando junto a los desencantados que gritaban consignas contra la inoperancia del gobierno.

III

Era octubre cuando en Nefas estalló la rabia que yacía latente bajo capas de rutina. La supuesta paz se hizo trizas. Se rompieron las represas de las convenciones sociales y salieron a la superficie las iniquidades que recorrían las venas de la ciudad. En todos los rincones y al interior de cada grupo familiar, de amigos o colegas no se hablaba más que de este nuevo despertar de la conciencia colectiva.

—Débora, ¡no te expongas yendo a las marchas! - le había advertido su madre una noche cuando la esperó en el cuarto de estar, inquieta, con las luces encendidas hasta la madrugada.

—Mamá, tranquila, sé cuidarme sola. ¡Confía en lo que has criado! — era la respuesta de su hija mayor.

—He visto las noticias, las imágenes son aterradoras. ¡Universitarios enloquecidos en batalla campal con policías dispuestos a abrir fuego sin complejos! —seguía reprochándole la mujer a esa joven que hasta ayer había sido su niña pequeña.

—Ay, mamá, por favor: bien sabes que la televisión exagera las minucias y oculta las verdades. ¡Apuesto que no han dicho una sola palabra sobre los motivos de justicia que hay detrás de las protestas! —reclamaba Débora mientras recibía de manos de su madre una taza de leche caliente con miel—. Gracias, vieja linda, no tenías que esperarme despierta y en pie. Te insisto, no temas, mamá, sé lo que hago. Además, lo que esos jóvenes alocados están haciendo hoy día no es más que abrir caminos anchos para que mañana mis hermanos accedan a un espacio público más decente —remataba una muchacha que se excitaba en sus ánimos con soñar el día cuando los corruptos fueran derrocados de sus tronos.

Algo parecido ocurría dentro de los salones académicos. Mateo Docere trataba de contestar las preguntas honestas de los estudiantes de su curso y de reaccionar con racionalidad ante las diatribas contra el gobierno que profería más de un fanático.

—Le pido rigor en sus apreciaciones —solía replicar Docere—. Le recuerdo que usted está en una universidad: aquí debe aprender a pensar en vez de prestarse para repetir eslóganes.

Pero ni las reglas de etiqueta ni su lógica argumentativa lograban calmar las pasiones de los más exaltados.

—¡Profesor! —llegó a gritarle uno de sus alumnos desde el fondo de la sala—, ¡con sus falsos llamados a razonar no hace más que censurar las voces que se levantan para denunciar la podredumbre! ¿Se da cuenta, señor? ¡Al final usted mismo termina jugando a favor de los poderosos de siempre! ¡No hace más que silenciar con golpes de poder a los compañeros que tienen la valentía de decirle en la cara lo que usted se niega a escuchar!

Y es que los ánimos estaban cada vez más candentes. Cada uno afirmaba su posición con vehemencia, sin ánimo de transigir en una coma cuando discutían entre sí. Así, las controversias iniciadas dentro de la hora de clases solían prolongarse cuando los estudiantes, repartidos en diferentes grupos afines, iban a la cafetería o al comedor o se sentaban en las gradas al aire libre u optaban por rodear en círculos infinitos la fuente de agua que adornaba el centro del patio de la facultad de Derecho. Decenas de voces, al mismo tiempo, querían opinar y refutar al otro en punto a una multitud de dilemas sociales: ¿De qué le sirve al

Estado haber suscrito tantos tratados internacionales sobre derechos humanos si a nivel interno las finanzas públicas están empantanadas? ¿A dónde se están yendo las recaudaciones de los impuestos? Porque, la verdad sea dicha, hace tiempo que no se levantan nuevas escuelas. ¿Por qué las autoridades en vez de escuchar las quejas del pueblo optan por lo contrario: mandarlas silenciar a través de sus fuerzas armadas?

—Amiga, a ver, repítemelo, por favor — le contestó Débora con asombro a Irene luego de escuchar la invitación.

—Lo que oyes, Débora, iglesia, dije iglesia —fue todo lo que esa pequeña colorina quiso enfatizar—. Sí, tal cual, un pastor llamado Marcos Ruiz me invitó a exponer sobre democracia y violencia en una jornada de reflexión organizada por la juventud universitaria de su congregación.

—¿Y vas a ir? ¿No era que tú te definías como agnóstica? —la interrogó Débora jugando con su tono de voz para hacerlo sonar como ese detective que acaba de descubrir una mentira en el discurso de su interlocutor.

—No lo sé todavía. Lo estoy pensando. Por un lado, admito que no es para nada el ambiente donde me siento cómoda, pero también te confieso que no sería la primera vez que me voy a meter en sitios en los que de pronto me hallo rodeada de personas muy distintas a mí —dijo Irene trayendo en silencio a su memoria el recuerdo de esa compañera que la convidó a un festival nocturno de poesía homoerótica—. Además el pastor me dijo que él sabía por referencias de terceros que yo no era una mujer de fe y, pese a eso, se atrevió a invitarme cuando leyó mi carta abierta publicada en *Facta et veritas* — acotó la colorina Spes.

—Mira, si al final decidieras participar, y si el pastor no se ofende porque te acompañe una atea como yo, pues con gusto voy contigo, siquiera para darte apoyo moral —afirmó Débora sin dejar de sonreír.

Y así, entre noviembre y diciembre de ese mismo año, Nefas siguió en ebullición social. La población continuaba llegando por mares a las plazas para reunirse, sin armas, y expresar con gritos y pancartas su desilusión ante la indolencia e inoperancia del poder estatal. Pero al mismo tiempo, hubo sujetos que, con rostros cubiertos y escondidos dentro de la multitud, aprovecharon para prender fuego a ciertos monumentos, vandalizar las instalaciones municipales y arrojar piedras y cócteles molotov a la policía.

«Débora, te aviso que sí iré a exponer a esa iglesia que te comenté», le escribió Irene a su amiga en un mensaje de texto. «Me gustaría saber si te animarás a venir conmigo. Esto será el sábado a la seis de la tarde. ¡Vamos!». Pero a los pocos minutos recibió una respuesta negativa de parte de su compañera: «Irene, gracias por acordarte de mí. Me hubiera encantado acompañarte. Pero me urge estar presente a esa misma hora en el frontis del edificio municipal. Allí se realizará una intervención artística y cultural como otra forma de protestar en contra de los desaguisados del alcalde». Irene sintió la desilusión e intentó convencer a Débora para que, al menos por esa vez, fueran juntas en respuesta a la invitación del pastor Ruiz. «Débora, ¿quién sabe? Tal vez alguien reciba bien mi exposición y, con eso, habremos contribuido con una gota a la construcción de un espacio de vida buena». Pero nada logró, su compañera tenía deberes sagrados que cumplir yendo a esa manifestación de protesta.

—¿Sabes, Irene? —le dijo Débora a través de un mensaje de voz— Estos no son tiempos para rezar ni refugiarse en los templos. Es ahora más que nunca cuando nuestra generación tiene que volcarse en las calles para exigir a los gobernantes un cambio de actitud.

Y así, mientras ese sábado Irene era recibida por el pastor Ruiz en la puerta de la capilla y luego caminaba tras él para llegar a un salón de actividades y disertar sobre la violencia desde una perspectiva jurídica, a no muchas cuadras de allí Débora alza su voz y los puños reclamando dignidad.

El acto comienza con música, alegría y sendos discursos a cargo de una serie variopinta de representantes de la sociedad civil. Mas, apenas ha transcurrido la primera hora del evento, se genera una confusión mayúscula. En una esquina se reúnen con máxima velocidad una docena de sujetos que cubren las caras con pasamontañas y máscaras de fantasía. En cuestión de minutos logran encender una hoguera y esta se expande, con llamas vivas, hacia los lados. En eso reinó la confusión.

Con balas disparadas al aire y con sirenas policiales sonando en el fondo, Débora entiende que es el momento preciso para defender al grupo de manifestantes. Para eso, premunida con un escudo de madera y blindada con su casco de bicicleta, se suma a esa marea de universitarios que se levantan para ir como fuerza de choque a confrontar el quehacer policial. Está dispuesta a entregarse por completo con tal de abrir un nuevo horizonte a la equidad. Traspasando los límites de la prudencia y exponiéndose a la boca del lobo, ella —caminando primero y trotando después— recorta al máximo la distancia que separa a los estudiantes de los escuadrones de fuerzas especiales.

Débora colma su memoria con una serie de causas nobles que vienen a ella en formas de rostros humanos: un abuelo con hambre, una mujer maltratada por su marido, un niño abusado por su cuidador y un extranjero irregular que busca la manera de revocar la expulsión dictada en su contra. Su conciencia experimenta una insaciable sed de justicia, mientras los pies la llevan cada vez más cerca de la muralla humana que forman los policías.

Un proyectil impacta en su pómulo izquierdo. Le duele y atina a cubrirse la cara con la mano libre. Enseguida, siente la fuerza de un insuperable chorro de agua que la moja de la cabeza hasta los pies. Pierde el equilibrio y cae al suelo de espaldas. Su cabeza rebota contra el cemento y su casco se suelta. Bocarriba y aún consciente alcanza a ver la estampida de una turba universitaria que huye directa hacia donde yace su cuerpo. Intenta moverse, pero las piernas y brazos no responden a su voluntad. Un primer zapato le pisa los dedos de la mano izquierda y, acto seguido, un botín militar se hunde sobre el estómago. Siente que pierde el aire y la oscuridad le nubla la visión, mientras un líquido tibio se cuela por dentro de los labios abiertos. El frío se adueña de cada centímetro de su piel. Lo último que oye son disparos a lo lejos, muy lejos. Trata de invocar a uno en quien nunca ha creído. No puede más.

Capítulo tercero

I

Irene Spes tenía 12 años cuando floreció su vocación. Ocurrió una mañana de invierno en su nuevo colegio. Ese día le tocaba disertar junto a un grupo de sus compañeros en la clase de ciencias naturales. El tema asignado por el profesor fue la energía eólica. Sabiendo ella que se trataba de una materia que dominaba poco, optó por hablar solo el mínimo necesario y se ofreció para ser la última de su equipo en intervenir. Todo iba de maravilla y los chicos estaban a punto de zafar, cuando de pronto el profesor escogió al único extranjero del grupo para convertirlo en el blanco de un par de preguntas tan insidiosas como capciosas. Irene, en su ignorancia, no pudo entender las preguntas del profesor y tampoco distinguía si acaso su pequeño camarada estaba contestando bien o mal. Pero de algo sí se percató, el chico estaba nervioso y su pánico iba en aumento. Mientras él trataba de articular una frase cualquiera, el maestro lo apabullaba hablándole cada vez más duro. Cuando Irene advirtió que el cuerpo de su compañero temblaba y su rostro empalidecía, salió en su defensa:

—¡Señor profesor! ¡Por favor! ¿Es que no se da cuenta de que Emilio hace su mejor esfuerzo? ¡Usted lo presiona demasiado, lo está asustando y, encima, le hace unas preguntas tan difíciles que nadie, ni el más listo, sabría responder! ¡Somos niños y recién estamos aprendiendo a disertar!

El hombre quedó asombrado. Enmudeció. El silencio se apoderó de todo el salón. Seguro que el maestro nunca imaginó que un ser diminuto fuera a reprenderlo con el tino y firmeza como acababa de hacerlo esa pequeña pelirroja. Y así, Irene, sin buscarlo, saltó a la fama. A la salida de la clase fueron varios los que se le acercaron para expresarle su admiración, felicitarla y gozar de la alegría de ver sonreír a esta defensora venida del cielo.

Para los padres de Irene el desafío de criarla y convivir con ella no fue menor. De temprano su hija comenzó a dar señales de un carácter fuerte. En los días del jardín infantil destacó por esa idea tan suya de no permitir que su papá la acompañara durante los últimos metros que restaban por caminar desde el pórtico del establecimiento hasta el ingreso al edificio. «Yo sola, papá. Yo sola», era su razón. Y así, dejando a su padre parado en la puerta principal, ella echaba a caminar con las manos aferradas a los tirantes de su mochila y la vista fija en el suelo, sin voltearse a mirar atrás. Tal cual, sin lágrimas ni despedidas melodramáticas. Mismo estoicismo que, para sorpresa de los adultos que la rodeaban, demostró el día cuando comprendió que los regalos en Navidad no llegaban desde el polo en un trineo maniobrado por Santa Claus y sus muchos renos. Constatar que ese sujeto no era más que una ficción, que nunca había existido en realidad, no la desmoronó, al contrario, reaccionó demostrando gran fortaleza sobre su propia sensibilidad: «No existe —le dijo un día a su vecina sin espanto alguno—, pero tranquila, todo va a estar bien».

Quien también tuvo el privilegio y el desafío de conocer a Irene de cerca fue ese primer enamorado —el primero en serio, aclara ella en la intimidad— a quien conoció a poco de ingresar a la universidad. Irene prefiere omitir su nombre y ha decidido olvidar de forma consciente lo que más pueda de él, pero lo cierto es que la de ellos fue una relación intensa. Se encontraron por casualidad de camino al campus. Conversaron cuando supieron que iban en la misma dirección. La amistad creció a fuerza de confianza y honestidad. Y un día, ya estaban prendados el uno al otro. Se quisieron de veras. Ella lo amaba y él la amó primero. Por ella se atrevió a escribir poesía y soñaba con recorrer el mundo a su lado. Pero la pequeña colorina fue sacando a la luz algunas diferencias que no supieron reconciliar. Ella, igual que él, estaba dispuesta a soñar, pero para evitarse una pesadilla —cuestión que él no supo entender— ella era capaz de pensar usando calendarios, observando mapas y calculando presupuestos. Lo demás, pensaba Irene, era construir casas sobre la arena. Si la vida era dura y en ocasiones golpeaba, entonces convenía tener a mano un refugio donde guarecerse hasta que pasara la tormenta. Y eso no surgía de la nada, era fruto de mentes y manos humanas. Y así fue entonces cómo su amante, un iluso enamorado, quedó mudo —como aquel profesor de la infancia— cuando Irene lo confrontó con un par de verdades básicas de la madurez. No hubo modo, fue doloroso, pero rompieron.

Irene lloró durante la noche. Mas al día siguiente, la luz del sol le recordó que estaba viva y ella volvió a concentrarse en sus libros y apuntes. La mente inquieta la impulsaba a sumergirse en algunas de las asignaturas que hundían a los más distraídos: Teoría de las normas; Creación y expresión del fenómeno jurídico; Argumentación judicial; y, en especial, la interpretación de oscuros pasajes legales. Sus ensayos escritos solían ser bien calificados por la mayoría de sus profesores. Tanto fue así que hubo dos académicos que la buscaron para sugerirle que, si a ella le nacía oficiar como ayudante de sus cátedras, con gusto la sumaban al equipo de trabajo. Uno fue el maestro de Historia del Derecho, un anciano noble, lector infatigable y poseedor de una memoria asombrosa. Hablar con él, decía Irene, era como leer una enciclopedia. Y la otra fue su profesora de Derecho Penal, muy interesada por detenerse a profundizar en un puñado de conceptos claves para su disciplina: libertad, responsabilidad, prohibición y castigo. Irene al principio pensó en rechazar la primera oferta y quedarse solo con la segunda, pero luego se convenció de que el esfuerzo valía la pena. Así, cuando cursaba su tercer año en la facultad, debutó como una joven asistente de dos juristas geniales que anhelaban potenciarla por las habilidades que reconocían en ella.

En su paso por la facultad, la señorita Spes —así acostumbraban a llamarla los profesores más antiguos— sobresalía entre los demás por su capacidad para formular preguntas. Su cerebro operaba como una máquina de inventar nuevos interrogantes. Fueron varias las veces que esperó a los docentes fuera de las aulas para cuestionarlos sobre un punto de la sesión que acababa de terminar. Los seguía por los pasillos. Los escuchaba con atención cuando estos le respondían, pero al parecer nada calmaba su inquietud. Apenas le habían dicho algo que bien habría servido para agotar la discusión con otros estudiantes, enseguida ella replicaba con otra duda. Hubo ocasiones cuando más de uno la mandó a la biblioteca a consultar determinado manual, mientras que otros le reconocían que no habían visto las cosas desde ese punto de vista, e incluso no faltó ese que, con total sinceridad, le respondió: «Irene, le tengo una buena noticia y otra mala. ¿La buena primero? La felicito por su excelente pregunta. ¿Ahora la mala? No tengo idea cómo contestarle». Estas últimas situaciones parecían chocarle a la pequeña colorina (en su cara se dibujaban líneas de expresión que sugerían que estaba masticando el argumento), pero al final el humor y las risas ganaban la partida. «Señorita Spes, déjeme decirle que ese libro que usted anda buscando y rebuscando en sus archivos mentales ¡todavía no se ha escrito! Hasta mañana, jurista. Ah, y por favor, ¡ahora descanse!», fue una de las elegantes maneras que encontró una profesora para quitársela de su camino algo cansada después de una larga conversación de pasillo. Irene, de nuevo, rio.

Sin duda, debajo de esa cobriza cabellera había una esencia hambrienta de comprender un mundo que le gustaba tanto como le dolía. Era feliz caminando, sola o acompañada, por largas cuadras de la ciudad. Pero a cada paso sus sentidos se abrían para percibir un entorno quebrado por la injusticia. Observaba en silencio al mendigo que arrastraba unos cartones para la noche. Meditaba en la escena y —no podía ser de otro modo— generaba un interrogante. ¿Por qué tanto dolor? ¿Cuál era el origen de todos los males? Y, siendo pragmática como lo era, ¿cómo se las arreglaría para seguir viviendo en un universo distorsionado sin encallecer la conciencia ni perder la sonrisa?

Lo cierto es que llegó el momento cuando tamaña mochila de dudas existenciales aplastó con fuerza los hombros y espalda de Irene. Su máxima de la infancia, «yo sola, papá, yo sola», parecía impotente ante la evidencia de una sociedad maltratada y maltratadora. Así, los dos años finales de su carrera fueron para ella verdaderos tiempos de crisis, se debatía entre renunciar o perseverar. Llegó a sentir que su presencia no hacía ninguna diferencia, con ella o sin ella la violencia iba en aumento. Se sentía como un médico que, aun dando lo mejor de sí, tendría que ver morir al paciente en sus brazos. ¿Había alguna diferencia práctica —objetiva y verificable— entre atender al enfermo o no hacerlo si, al final, la muerte siempre decía la última palabra? Irene estuvo a un tris de abortar sus estudios en Derecho. Si no lo hizo fue solo porque, café tras café con un par de amigas cercanas y alguna que otra conversación con algunos viejos que ella respetaba, la convencieron de aceptar de una vez los límites y posibilidades de su profesión. Con sencillez, su profesora de derecho penal una vez le recordó una obviedad:

—Irene, no está en tus manos revertir el cambio climático que amenaza con extinguir a la raza humana. Pero bien puedes, por lo menos, comenzar por regar la flor que crece en tu balcón.

Y a buen entendedor, pocas palabras. De tanto molestarse por la disparidad socioeconómica que observaba a diario en la ciudad, optó por focalizar sus limitadas fuerzas en el trato que estaban recibiendo los inmigrantes venidos de lejos. Buscó entonces dónde realizar una pasantía voluntaria y, a las semanas, estaba atendiendo algunos casos reales. Los primeros expedientes que llegaron a sus manos fueron sobre mujeres solas que habían ingresado a Nefas por pasos no habilitados, con sus hijos a cuestas y, sin visas ni dinero, pretendían insertarse en una nueva comunidad.

II

En sus años escolares, Irene aprendió por experiencia el arte de la comunicación. En rigor, por las malas experiencias. Ella observaba con atención cómo bostezaban y se aburrían sus compañeros de curso cuando alguien pasaba al frente del salón para disertar. Era notorio, salvo el profesor de la materia, nadie más le prestaba atención al pobre muchacho que allí, delante de sus compañeros, sufría avergonzado tratando de explicar un tema cualquiera como el ciclo del agua en Biología; el boom latinoamericano en Literatura; o la democracia griega en Filosofía. «¡Patético!», pensaba ella en secreto. Y entonces miraba a su alrededor, uno dibujaba en su cuaderno; otro dormitaba con disimulo; otro más le coqueteaba a su enamorada enviándole mensajes clandestinos en pequeños trozos de papel; y varios tenían la vista puesta en algún punto muerto del salón, mientras las caras denotaban una tristeza mayúscula. «¡Horrible!», se decía Irene para sí. «¡Esto no puede sucederme! ¡Es de lo peor! Hasta en un funeral se respira un poco más de ánimo que en este espantoso momento», sentenciaba en el silencio de su mente, cuando un atribulado estudiante, verdadero payaso sin gracia, seguía tratando de exponer su tema apoyado con láminas de colores en la pizarra. Y así como lo pensó, así lo hizo. Cuando llegó su turno se preparó entrenándose frente al espejo. Escogió con cuidado un saludo inicial, una pregunta retórica que despertara la curiosidad y hasta planeó cómo mover las manos. ¡Eureka! Su estrategia comenzó a darle buenos resultados. Ya no era solo el profesor del ramo quien al final la felicitaba, sino que —¡vaya sorpresa!— hubo compañeros que de buena gana comenzaban a escuchar sus planteamientos y a seguirla con la mirada. Así, durante el último año de la secundaria, ella ya manejaba algunas técnicas comprobadas que le habían valido aplausos y despertado la admiración de sus juveniles oyentes.

Para cuando ingresó a la universidad, Irene contaba con la habilidad de razonar detenidamente sobre alguna materia y, encima, le sumaba la destreza de exponerla ante un auditorio.

—Tenerla en clases es una alegría —dijo más de un catedrático.

—Su curiosidad es enorme —afirmó su profesora de Ciencia Política.

Irene, sin saber ni sospechar lo que se decía de ella, seguía siendo la misma de siempre: una mente inquieta tratando de comprender cómo funciona el universo. Entre clases de Derecho romano, Legislación civil y Teoría de la negociación racional, ella fue aprendiendo —por observación primero, por experiencia después— cómo refutar opiniones ajenas. La pequeña colorina bien podía sostener por largo rato una conversación apegada a las reglas de la lógica y era capaz de darse el gusto de poner en jaque a su oponente mediante agudos juegos de palabras.

Su amor por la lectura fue creciendo de semestre en semestre. Por sus ojos pasaron algunas páginas inspiradas de Aristóteles, Tomás de Aquino y Andrés Bello. Ella los leía con calma, subrayaba con destacadores fosforescentes algunos párrafos completos y luego volvía a ciertos pasajes escogidos para encerrar en un círculo la palabra que resumiera mejor la esencia del discurso. «Irene, tus libros y apuntes son tan chillones que ya parecen árbol de navidad», le dijo entre risas una amiga al descubrirla pintando con un marcador rojo un signo de exclamación en torno a la palabra «dolo» en su fotocopiado manual de justicia penal. Irene le respondió con una sonrisa en los labios y, sin distraerse más por el comentario, siguió leyendo, subrayando y escribiendo palabras claves en su libreta de notas.

Sus primeras columnas de opinión Irene las publicó en *Immediata iustitia!*, el pasquín satírico-político que editaba el centro de estudiantes de su facultad. Por allí solían pasar diatribas incendiarias en contra de todo y de todos. Por sus páginas se disparaban misiles hacia el decanato y la rectoría. El punto era darle a todo lo que fuera autoridad. La única regla editorial parecía ser un implícito «la verdad nunca es ofensiva». El filtro y las correcciones eran mínimas. Por eso había columnas que abundaban en exageraciones o incurrían en afirmaciones infundadas. Cuando el afectado pretendía reclamar y exigir las responsabilidades, el centro de estudiantes no sentía vergüenza ni pedía disculpas de que las cosas fueran así. Para ellos, la libertad de expresión era un sagrado principio inviolable. Entonces, pues claro, comenzó a llamar la atención de los lectores —acostumbrados al insulto impune— que de pronto aparecieran unos escritos provocadores e inteligentes, pero esta vez reforzados con datos duros y provistos de fuentes para su posible verificación. ¿Quién los escribía? ¿Qué pluma era capaz de armonizar la astucia del zorro con la agudeza del búho? Aquí había algo más que parafina revolucionaria, eran textos inquietantes, a ratos perturbadores, pero de algo no había duda: la mente detrás de la tinta se había dado el trabajo ingrato de estudiar el tema. No fue difícil llegar a Irene Spes, quien negándose al usual anonimato de muchos columnistas y rechazando la sugerencia de un seudónimo se atrevió más bien a debutar ocultándose detrás de dos iniciales obvias y evidentes: I.S.

Corría el tercer año de la carrera cuando, sumando y sumando cualidades, un grupo de sus compañeros llegó a ver en Irene la candidata perfecta a la presidencia del centro de estudiantes. La invitaron a un café cercano a la universidad. Allí le expresaron por qué pensaron en ella. Le hablaron del momento actual del país y de la crisis en la educación pública. No les costó mucho convencerla. Irene se lo pensó desde la mañana hasta la tarde, y por la noche, les respondió: «¡Vamos!». Eso sí, les hizo prometer a sus más incondicionales que no la dejarían sola, en especial en los momentos ingratos e impopulares del poder. Trato hecho y manos a la obra. Dos días más tarde la inscribieron para competir en las próximas elecciones. Comenzaron las campañas, la propaganda electoral y, para delicia de sus admiradores, los debates entre los diferentes candidatos. Esas fueron oportunidades cuando Irene sumó nuevas adherencias para su lista ¡AU! (¡Acción Urgente!). Oírla responder a las preguntas del público y retrucarles a sus oponentes era un deleite. La pelirroja —la única mujer entre los cinco candidatos a la presidencia— hacía gala de una lógica irrefutable y elegante retórica. La ¡AU! hizo un trabajo formidable. Organizaron foros, difundieron su programa, repartieron panfletos, llevaron a Irene, sala por sala, en una gira por toda la facultad y hasta consiguieron que fuera entrevistada por Jenifer Gaudium, la locutora del programa más escuchado por los radionautas de Nefas. En las vísperas de las elecciones, la ansiedad era perceptible. Según las encuestas, Irene sí tenía reales posibilidades de triunfar. Y los vaticinios no erraron: fue la segunda opción más votada, de modo que forzó —como nunca sucedía— a un balotaje con el candidato del JSC (Justicia Sin Condiciones), partido este que representaba la continuidad del gobierno estudiantil de los últimos 15 años. La disputa entre los dos fue feroz. La JSC no trepidó en usar todos los medios con tal de frenar el meteórico despegue electoral demostrado por Irene. La tildaron de novata en la política estudiantil, de ser un ratón de biblioteca por su supuesta desconexión con la realidad de los alumnos más desventajados y, entre otras tretas, la apodaron «cerebrito» y cada vez que pudieron pronunciaron este mote con la entonación más peyorativa posible. Pero Irene, haciendo de tripas corazón, aguantó el embate hasta el día de la segunda vuelta. La noche de los resultados la noticia era digna de infarto: Irene quedó solo 7 votos abajo de la JSC.

¿Te levantarás de esta?, ¿será que podrás sobreponerte?, ¿quieres tomarte unos días de descanso sin asistir a la facultad?, fueron las preguntas de sus más cercanos. Pero la pequeña pelirroja, tal como aquella noche cuando rompió con su primer amor, no derramó más lágrimas de lo que la situación merecía. A la mañana siguiente, con luz de día y desayuno sobre la mesa, empezaba a sacudirse todo el polvo que la sucia competencia dejó pegado en las suelas de sus zapatillas. No se quebró de tristeza y tampoco se emborrachó de gloria por casi llegar al poder estudiantil siendo en el foro político —cuestión indiscutible— una recién aparecida.

Pero entre todas las experiencias vividas durante sus años en la facultad, la que —sin duda— más impacto tuvo en la vida de Irene Spes no fueron ni sus inicios como asistente de dos catedráticos destacados, ni sus bulladas publicaciones en *Immediata iustitia!* y tampoco su casi llegada a la presidencia del centro de estudiantes, sino más bien su amistad con Débora Bellum.

Se conocieron la una a la otra a la salida de una clase sobre derecho y política. Irene se le acercó a tranco seguro y, con voz firme, se le presentó con nombre y apellido y de inmediato le preguntó si tenía un tiempo para conversar. Y es que durante la clase la vio entrabarse con la profesora en una controversia intelectual, cuestión que le pareció tan brillante como notable. De ahí en más, las afinidades entre las dos fluyeron con naturalidad. Débora solía dispararle a la pequeña pelirroja sus interrogantes más profundos. Como ambas gustaban del café y las largas caminatas, fueron esos los improvisados escenarios donde juntas se atrevieron a cuestionar desde la existencia de Dios, pasando por el sentido de la profesión que pretendían ejercer una vez que egresaran de la carrera hasta los romances mal habidos. Irene escuchaba con atención a su amiga y, luego de mucho conversar con ella, descubrió la razón que mantenía engatillada el alma de Débora: no se podía ser indolente ante la miseria humana. La colorina admiraba la pasión que dominaba a su compañera, pero, al mismo tiempo, le intrigaba saber qué era lo que Débora quería decir cuando argumentaba sobre la necesidad de purificar con fuego el orden social vigente con miras a que, desde los escombros, surja algo nuevo y mejor. ¿Era solo una forma de hablar impulsada por la fuerza de la juventud o, por el contrario, era esa una honesta declaración de principios existenciales?

III

Irene tiene su smartphone entre sus manos. Maneja sus pulgares con destreza. «Amiga», le escribe a Débora, «voy de camino a la iglesia». Enviado el mensaje se siente extraña. Y ríe. Al instante acota: «Por la charla, me refiero». Espera unos segundos, pero su compañera no está en línea. Sin recibir respuesta, sigue digitando: «El pastor Ruiz citó a su gente para las seis de la tarde. Quizás cambies de opinión y quieras acompañarme». Acto seguido, guarda su teléfono móvil en un bolsillo de sus jeans. A los pocos minutos el aparato emite el sonido que alerta a Irene cada vez que le llega un nuevo mensaje. Sí, es Débora. «No, Irene. Gracias, pero no», afirma en la primera línea. Renglones después va decodificando su negativa. Que la marcha es más importante, que los tiempos que corren así lo exigen, que si bien le desea lo mejor en su exposición tal vez sea Irene quien, al último minuto decida cambiar de opinión, pues incluso ella —siendo dueña de un ateísmo incombustible— sabe bien que fue Jesús de Nazaret aquel que dijo «No vine a traer paz, sino espada». Y para remachar su explicación le inserta un emoticón guiñándole un ojo mientras sonríe.

La colorina lo toma con humor. Conoce a su interlocutora y, con el pensamiento, le desea que todo salga bien en aquella marcha. Pero se dice a sí misma que esta vez no será ella quien cambiará de opinión. Le parece interesante aprovechar una oportunidad como esa que ahora le ofrece una iglesia —a pesar de no ser su ambiente natural— con tal de generar una reflexión sobre la realidad nacional. Además, siente curiosidad por conversar con aquellos que viviendo una fe que ella no comparte y poco entiende, se han dado el trabajo de leer esa carta suya publicada días atrás en el *Facta et veritas.* «Pensamos diferente en muchas cosas, pero de veras les agradezco que me hayan invitado», fueron sus primeras palabras al ser recibida por el pastor Marcos Ruiz y un par de jóvenes que la esperaban en el portón de la capilla.

Una vez en el interior, Irene observa una docena variopinta de asistentes. Entre ellos se reparten unas bandejas con galletas y más de uno se acerca a un mesón donde una cafetera eléctrica expele el aroma del grano molido y tostado. En cuestión de segundos se halla rodeada de tres chicos que se atropellan para hablar. Uno la saluda y se presenta, otra le pregunta si le apetece un café y uno más la felicita por la carta publicada en el periódico. Todo al mismo tiempo. La escena es cómica y la risa instantánea salva lo incómodo del momento. «Al menos aquí no me voy a aburrir», medita la pequeña colorina.

La reunión comienza. Se empieza por las presentaciones de rigor y, hecho eso, van de inmediato al punto que los convoca. El pastor Ruiz toma sus primeros minutos para resaltar un par de versos proféticos del antiguo Israel sobre gobiernos indolentes al dolor humano y acaba citando la carta de Santiago en sus denuncias contra los ricos opresores. Irene escucha con atención y descubre que jamás pensó que la Biblia hablara de esa manera, pero no tiene tiempo para seguir cavilando porque al instante le ofrecen a ella la palabra. Ahora es su turno. Vuelve a dar las gracias delante del grupo por la deferencia de haberla considerado en esta jornada y abre su exposición. Como es habitual, su voz se oye firme y su tono persuasivo. Con los ojos recorre el salón y va posando la vista sobre cada asistente regalándoles una mirada amistosa. A juzgar por las caras de quienes tiene al frente, la están escuchando con atención mientras ella revisa el drama de la violencia política.

—Y, bueno, para terminar, hay algo que no puedo silenciar —afirma Irene con algo de suspenso y haciendo una pausa para beber un sorbo de agua mineral—. Me pregunto si en ocasiones las iglesias a lo largo de la historia han renunciado a oficiar como agentes pacificadores pasando más bien a ser cómplices silenciosos de regímenes totalitarios.

El diálogo fluye con preguntas de ida y vuelta. La conversación es honesta. Uno levanta la mano para comentar que frente a las tiranías el pueblo puede armarse de forma legítima y se apoya para esto en el libro de Ester. Otro se apura a sostener que los textos no pueden ser interpretados de manera literal porque lo importante es encontrar en ellos un principio espiritual. Pero ya se oye a uno más arguyendo que los israelitas aún seguirían esclavizados en Egipto si no fuera porque, a través de Moisés, Dios golpeó con poder al faraón e incluso por medio del recurso de dar muerte a los primogénitos de toda la nación. La mente inquieta de Irene está disfrutando el momento, aunque los debates teológicos le resultan extraños y por completo ajenos. De pronto, desde su teléfono celular, suena el timbre avisando de una llamada de un número desconocido. Rápido lo enmudece y se disculpa con los demás por no haberlo prevenido. Y así vuelve a concentrarse y participar en un acalorado debate sobre las revoluciones en la historia de la humanidad y las víctimas que estas van dejando por donde pasan. En eso, y de nuevo desde el mismo número desconocido, vuelve a entrar una segunda llamada. Irene nota cómo la pantalla se ilumina, pese a que ahora el aparato ha sido puesto en silencio. Con disimulo extiende su mano y rechaza la llamada tocando el botón preciso. Regresa entonces al fragor de la tertulia. Sigue oyendo cómo unos y otros se empeñan en dilucidar cuáles son las condiciones sociales que hacen meritorio que la población se levante con fuerza para repeler la voluntad de una autocracia déspota y militarizada. Cuando más en confianza y a gusto comenzaba a sentirse, el smartphone de Irene vuelve a brillar indicando que por tercera vez ese número desconocido insiste con porfía. El pastor Ruiz la nota incómoda, pero intuye que podría ser algo importante. Espera entonces a que el debate se mantenga gracias a un par de asistentes para acercarse a Irene y, con voz baja, le dice:

—Irene, si gusta salga al patio para atender esas llamadas. Podrían necesitarla en otro lado.

Ella agradece el gesto y, dando las disculpas del caso, se levanta para salir.

Apenas se aleja de la capilla es innecesario que devuelva la llamada porque —por cuarta vez— el número aquel vuelve a dejarse sentir.

—Aló. —Es todo lo que alcanza a responder Irene cuando, del otro lado, le habla una voz agitada. La reconoce al toque. Es una de sus compañeras de carrera.

—Irene, perdóname por tanta insistencia. Mira, es urgente.

La mensajera, exaltada y nerviosa como se encuentra en ese momento, con torpezas y tartamudeos, le relata que la marcha se salió de control, que la manifestación pacífica derivó en batalla y que ahora hay varios estudiantes detenidos y algunos otros lesionados. Irene sospecha y se prepara para lo que todavía le tienen que decir:

—Irene, Débora está mal. O sea, quiero decir que no está bien. No, perdón, discúlpame, te estoy avisando que no sé qué le pasó. El punto es que la tuvieron que levantar del suelo y llevarla en ambulancia de urgencia al hospital. ¿Me explico?

La chica siguió, con igual atolondramiento, dándole algunos otros datos: que cuál era el hospital donde Débora fue llevada, que ya lograron dar con sus padres, que un grupo de amigos se aprestaba en ese momento para ir a visitarla y que —así lo oyó Irene— a simple vista nadie logró distinguir si Débora fue trasladada inconsciente o en un estado de agonía.

—Eso era todo, Irene. Chao. Ahí ve tú si acaso logras llegar al hospital. La que sepa algo, le avisa a la otra. Ahora sí, chao. —Fueron las últimas palabras que salieron de boca de esa perturbada compañera que confundida y todo, por lo menos, tuvo la gentileza de avisarle.

Sola en el patio, Irene apaga su teléfono. Siente que a su alrededor el paisaje comienza a girar y que sus oídos se ensordecen. Prefiere doblarse en cuclillas y llevar las manos al suelo firme. Esconde la cabeza entre las piernas y cierra los ojos con fuerza. No sabe cuánto tiempo pasa. De repente advierte un par de manos sobre los hombros. Con lentitud alza la cabeza y abre los ojos como quien evita la luz del sol en un día de calor. Reconoce la cara del pastor Ruiz y, detrás de él, a los mismos jóvenes que la atendieron cuando llegó. Entre los tres la levantan y verifican que ella se orienta y que está de vuelta en sus cabales.

Irene reacciona y comprende lo que ha sucedido. Sabe de dónde ha salido y recuerda bien la llamada que acaba de colgar. Hace su mejor esfuerzo para resistir y mantener la calma. Selecciona sus palabras. No quiere alarmar a nadie. Se abstiene del morbo y solo dice que acaban de comunicarle una desgracia.

—Gracias, pastor, por su invitación. Lamento el abrupto final. Debo irme. Es urgente.

Ruiz comprende la situación y se cuida de no preguntar más de lo necesario. —¿Necesita que alguno de los muchachos aquí presentes la trasladen hacia donde la están esperando?

Es lo último que inquiere el pastor. Sin más, ella acepta. Al instante aborda un vehículo. Irene, recuperando la firmeza de la voz, le pide a su recién conocido conductor:

—Al hospital Patiens, por favor.

Al llegar al hospital, Irene escribe el mensaje que pensó durante el veloz trayecto: «Pastor Ruiz, no soy una mujer de fe. Me siento ajena a toda religión. Pese a todo, por favor, le pido una oración a su Dios por una amiga. Se llama Débora. Y podría morir».

Capítulo cuarto

I

Bicho raro. Marcos Ruiz varias veces se sintió así. Y lo ratificó el día cuando —ya terminando el colegio— acabó de leer *La metamorfosis* de Kafka. «Sí, yo soy también un Gregorio Samsa», escribió en su control de lectura en respuesta a una pregunta de su profesora de literatura.

De niño le gustaron los deportes y los practicó con entusiasmo. En las canchas escolares, o en las plazas con sus amigos, Marcos practicó el fútbol, el voleibol, el balonmano, los cien metros lisos, el kárate y el pimpón. Pero pese a su esfuerzo y buena voluntad nunca logró destacar en ninguno. Encima, sus compañeros de curso solían apabullarlo con ciertas exhibiciones de algunas destrezas deportivas que él nunca había logrado alcanzar.

Le costó aprender a leer en voz alta. Cuando lo sacaban adelante para verificar la fluidez de la lectura, era más el empeño demostrado que los buenos resultados obtenidos. ¿Y las matemáticas? Esas sí que fueron su bestia negra. Sufrió con la tabla de multiplicar y el día que llegaron las divisiones, pues bien, las divisiones acabaron siendo para él problemas sin solución. No lograba siquiera arrancar en el primer cálculo. Y no hubo caso, ni la paciencia de la madre (limitada, por cierto) ni la alegría de quienes se ofrecían para sacarlo del pantano, nada sirvió. En más de una ocasión entregó sus pruebas en blanco y recibió las más bajas calificaciones de toda la clase. Se hallaba tan perdido y sin rumbo frente a una ecuación como años después, de adulto y con canas, se sentiría —frustrado y rabioso— buscando una calle en un barrio desconocido para él, calle que se ocultaba de su vista hasta que alguien viniera a rescatarlo de su extravío. Con las Ciencias Naturales su experiencia no fue mejor, en sus clases de biología poco entendió el funcionamiento de los seres vivos, pero encontró mucho material para generar una ingeniosa casilla electrónica o un santo y seña indescifrable (mitocondrias, vacuolas y lisosomas le parecían nombres chistosos y útiles para sobrevivir en el —por ese entonces— naciente mundo digital).

Se enamoró de varias mujeres y a todas ellas nunca se lo dijo. Las amó en silencio. Su timidez frente al sexo opuesto era algo superlativo. Sus afectos y pasiones fueron sus secretos mejor guardados. Cuando en la adolescencia vinieron los tiempos de hacer alarde de los romances para satisfacer la curiosidad de los pares, él aprendió a callar. Como no tenía experiencias que contar y no sabía mentir, le tocó recibir la burla de los demás. Simplemente era incapaz de cruzar el puente hacia donde hubiera una mujer. Y le dolía no atreverse a dar ese paso. Así, les colmó la paciencia a las pocas muchachas que, atraídas por él, lo buscaron para conocerlo. Al final ellas se iban y lo dejaban solo. Y otra vez, Marcos volvía a sentirse como el único en su especie. ¿Miedo al rechazo? ¿Baja autoestima? ¿Ausencia de un mentor en el arte de la vida? Nunca lo supo, o al menos no cuando aquellas chicas terminaban por largarse de su lado, aburridas por su aparente apatía. La evidencia apuntaba en una sola dirección, muy a su pesar, él no tendría más opción que la soltería.

Pero de niño hubo algo más en Marcos Ruiz que lo hizo distinto a muchos de sus contemporáneos. Esa cosa era su fe en el Dios de la Biblia. Sus años de infancia, adolescencia y juventud no se prestan fáciles para escribir una hagiografía. Todavía a muchos les cuesta comprender cómo pudo florecer la fe allí donde las circunstancias conspiraban en su contra. Padres separados, colegios laicos, influencias paganas por el lado materno y ausencia de referentes religiosos —los únicos que pudo haber tenido— una vez que su papá dejó el hogar, amistades mundanas y libros seculares por montón en su biblioteca, en suma, ausencia completa de las principales influencias de la fe sobre la vida de una persona.

«Marcos, ¿y a ti quién te habló de Dios?», le han preguntado más de una vez. Ruiz la suelta, entre risas y sin complejos: «¡Dios me encontró de pura chiripa!». Y suele reforzar su respuesta con una anécdota que por años atesora en la memoria: el único gol relevante que alguna vez anotó en un partido de fútbol. Ocurrió una mañana de invierno cuando, representando a su colegio, jugó los octavos de final en un torneo escolar. Lo llamaron para reemplazar a un compañero que enfermó justo en las vísperas del partido. Nadie creía en él, y él tampoco votaba por sí mismo. Pero luego de un prolongado empate a cero, y jugándose los minutos de descuento, uno de los defensores del equipo rival cometió un error grave: enredó los pies y acabó pateando la pelota hacia cualquier lado sin contar con que Marcos Ruiz se hallaba por ahí, pero no en posición de ataque sino más bien en retirada. Y sin saber cómo, Ruiz sintió un pelotazo en la espalda que, además de propinarle un fuerte dolor, rebotó en él y —para sorpresa de todos— el balón regresó caprichoso y juguetón hasta cruzar la línea de gol del arco contrario. Ese fue un insólito día de gloria. Hubo vítores y aplausos desde las gradas. Y sus compañeros de equipo no pudieron más que darle las gracias y felicitarlo por el gol que les permitió seguir soñando con ganar la copa.

La explicación racional que Ruiz sabe darle a lo sobrenatural de su propia conversión vino a su mente una noche cuando, hablando con su madre, ella le sinceró que, luego de romper su relación matrimonial, no se sentía con ánimo para pensar en asuntos morales ni religiosos. Pero sucedió que por esos días llegó a trabajar a la casa una joven mujer que venía a socorrerla con el cuidado del hogar y la crianza de los hijos. Y fue esta chica quien, entre limpiezas y meriendas, comenzó poco a poco a pronunciar el nombre de Dios en el seno familiar. Ella trajo consigo la memorización de algunos versos bíblicos y la oración de gratitud por los alimentos sobre la mesa antes de comer. Y tiempo después, obtuvo el voto de confianza de su patrona para llevar a los niños de la casa a una reunión de la iglesia.

Marcos recuerda sus primeros días en una comunidad de fe. Alegría es la primera sensación que lo invade al revisar en su memoria las imágenes de aquellos años. Las reuniones dominicales a las que asistía sin ninguno de sus padres, sino solo en compañía de sus hermanos, despiertan en él la añoranza de un sentimiento grato y vivo, como aquel que experimentaba escuchando historias bíblicas, aprendiendo alabanzas infantiles y recibiendo de regalo su primer Nuevo Testamento. «Marcos, sería bueno que cada día leyeras por las noches un verso de este libro», fue la sencilla explicación que le dio una de sus maestras en la iglesia. Y él obedeció con la fe de un niño. Puede que no entendiera mucho de aquellos versos —sin contexto y escogidos al azar— que optaba por leer antes de quedarse dormido, pero por lo menos adquirió la incipiente disciplina de la reflexión espiritual.

Los años pasaron. El pequeño niño fue dando paso a un adolescente que luego devino en universitario y, de pronto, a un hombre joven que salía a competir al mercado. En este transitar fue venciendo en algunas batallas y viéndose envuelto en otros dilemas nuevos. Pensando en la noche del baile de graduación de la secundaria, se debatió entre no asistir, o ir a solas, o bien, sacar valor e invitar a Carolina Speciosum, una chica que le parecía hermosa y con quien podía hablar y reír sin ocultarse detrás de una máscara. ¡Y Carolina le dijo que sí! A las semanas, y dejando atrás la belleza de ese baile, Marcos se hallaba rindiendo el examen de admisión universitaria. Obtenidos los resultados tuvo que sincerar su vocación: no más mitocondrias ni operaciones aritméticas. Admitió, pues, que lo suyo era el amor a los libros, en especial aquellos que le abrían los ojos al mundo que le tocaba vivir. Sin estar del todo seguro (¿alguna vez lo estuvo en algo?) se matriculó en la Escuela de Sociología de la Universidad de Nefas.

Mas en estas idas y vueltas existenciales, e igual que estando a bordo de un carro que raudo recorre las curvas de una montaña rusa, Marco se aferró a ese libro que de pequeño le regalaron en su iglesia. Sus primeras lecturas de la Biblia —inconexas y parciales— fueron cambiadas por auténticos tiempos devocionales en los que aprendió a volcar ante Dios todo su ser en actitud de adoración. Cultivó la oración por las mañanas y fue creciendo dentro suyo un deseo de conocer a fondo las Sagradas Escrituras.

Así, un día cualquiera, despertó apremiado por dos sentires que lo impulsaban a la acción. Como cada mañana, preparó un café y lo bebió mientras leía su Biblia de acuerdo con un calendario para recorrerla completa a lo largo de un año. Cuando oraba optó por no ocultar lo que estaba experimentando desde hacía ya varios meses. Dejó que el Espíritu lo guiara con libertad. Y fue entonces cuando, otra vez, llegó el momento de sincerarse: ni la sociología ni la soltería estaban llenándolo. Ser honesto consigo mismo implicaba tomar dos decisiones, ambas difíciles. Primero, abrirse a la posibilidad de vivir para estudiar y enseñar las Escrituras. Y, segundo, reconocer que aquella mujer venida desde el extranjero, lo tenía locamente enamorado.

Ambas realidades se le presentaron como verdades contra las cuales no podía luchar. Se encomendó a su Dios, y dejando menos al chiripazo, encaminó sus pasos —ahora más decidido que antes— para concurrir a un seminario teológico y, al mismo tiempo, confesarle a esa forastera que él anhelaba, además de enseñarle la lengua natal y gestionar para ella una visa de residencia, invitarla a cenar para conocerla mejor. Lo que vino después no fue algo típico para uno que, durante años, se sintió como un bicho raro. Volvió a gustar esa alegría que de pequeño conoció. Y si el hombre no vive solo de pan y tampoco es bueno que viva a solas, Marcos Ruiz decidió apostar por dos amores incondicionales: sería pastor de iglesia para acompañar a los creyentes en la formación de su fe y, al mismo tiempo, sería el marido de aquella extranjera que lo aceptó tal como era. «Y te prometo que solo la muerte me podrá separar de ti», le dijo a su mujer esa noche cuando celebraron su boda en una modesta capilla del centro de la ciudad.

II

El primer sermón que predicó Marcos Ruiz en la iglesia generó varias antipatías. En términos de popularidad fue la peor manera de comenzar su ministerio pastoral. ¿El texto? La inofensiva parábola del buen samaritano. ¿El conflicto? La idea de que un extranjero pudiera responder mejor que los nacionales a un dilema de vida o muerte. Fueron pocos los que dijeron amén mientras él exponía —verso a verso— el pasaje bíblico, pero sí varios los que de una u otra manera se encargaron de hacerle sentir su molestia. Estos últimos fueron desde la comidilla de la hermandad que se despedía en los portones del templo hasta esos otros —menos en número— que lo llamaron por teléfono para pedirle —eso sí, «con todo respeto, mi pastor»— que tuviera más cuidado.

—¿Más cuidado de qué? ¿Cuál fue el descuido que cometí? —se preguntaba, primero a solas en su tiempo devocional de la madrugada y luego a viva voz en la cocina donde preparaba el desayuno junto a Constanza. Ella lo escuchaba con atención y percibía en su tono la frustración y el asombro.

—No te preocupes, amor —le dijo con su acento de inmigrante mientras le regalaba una taza de café—. Tómate esto y verás que te sentirás mejor —acotó sonriéndole y luego agregó—: ¿Sabes? No dijiste ninguna herejía. No tienes que retractarte de nada. Vamos, firme y adelante.

Ruiz recibió el café con gratitud, pero de inmediato lo dejó sobre la mesa y más bien fue a buscar su abrazo. Allí, apretándola entre sus brazos, quiso besarla en los labios, pero ella ya se había echado a la boca una galleta de chocolate.

—No importa, Cony —dijo Marcos disfrutando de lo cómico del instante—, por lo menos nos tenemos el uno al otro. ¡Y así nos quedaremos hasta que el Señor regrese en gloria y majestad!

Ella rio de buena gana hasta atragantarse. Y cuando pudo hablar, coqueta y graciosa le siguió la corriente.

—¡Amén! ¡Que el Señor nos encuentre abrazados!

El corazón de Ruiz es el de un pastor dolido por los quebrantos del mundo. Durante años ha venido sufriendo con las iniquidades que observa en los barrios por donde circula. Lo suyo ha sido orar con los ojos y oídos abiertos: todo lo que se cruza delante de su vista o cualquier sonido que oye mientras camina se convierte en un motivo de oración. A veces alaba a su Dios por la delicia de las sombras de los árboles en un día de sol o por el trinar de los pájaros que anuncian la llegada de otro amanecer. Y en ocasiones levanta un clamor urgido por la madre que amamanta a su cría mientras espera que alguien le regale una limosna sentada en la vereda, o por ese abuelo que aborda el bus para ofrecer caramelos y curitas a cambio de una chaucha.

No es de extrañar, entonces, que sus sermones dominicales fueran tan creativos y didácticos para servir y amar al prójimo. En el fondo, su convicción es una sola: «no podemos reducir nuestra espiritualidad a una relación intimista e individual con Dios». Y por si alguien aún tuviera dudas de su vocación hacia el mundo, con frecuencia lo oirá enseñar que los creyentes tienen que vivir su fe en el ágora y en el mercado.

Cuando Nefas comenzó a arder en llamas en aquel octubre del año cuando se pensó que el fuego redimiría los males sociales, el pastor Ruiz decidió traer al púlpito de la iglesia las jornadas de protesta estudiantil como objeto de reflexión. Lo hizo cuando tomó conciencia de que algunas de esas jornadas estaban acabando con al menos media docena de jóvenes heridos. «Iglesia, nos toca comprender —decía él— cuál es el hambre y sed de justicia que moviliza a estos muchachos a exponer sus vidas».

En la memoria de varios feligreses todavía retumba un sermón en particular. Fue el último de todos. Lo predicó durante la excepción constitucional cuando la población de Nefas vivía entre pancartas y gases lacrimógenos.

—Hoy vuelvo a preguntarme —comenzó por decir esa mañana— cuán amigas o enemigas son la fe y la política. Y me interrogo comenzando por reconocer mi amor y respeto por Jesús de Nazaret.

Constanza, sentada en una de las últimas filas del templo, sentía que el hielo de la congregación contrastaba con el ardiente corazón de su marido.

—Así, he regresado —seguía Ruiz— a tres imágenes puntuales registradas en los Evangelios. Estudiándolas se puede extraer de ellas tres acciones específicas: observar, calificar e interrogar. Son tres acciones distintas entre sí, pero ejecutadas todas por el mismo protagonista, Jesús. Aquí voy:

> Primera escena: «la gente que usa ropa elegante y vive rodeada de lujos se encuentra en los palacios». La tomo del Evangelio de Lucas 7:25. Esta observación sobre la calidad de la ropa y la vivienda fue captada por la mirada atenta e insobornable de Jesús. Él

formuló esta afirmación cuando comparó a los habitantes de los palacios con su antecesor inmediato, Juan el Bautista, un hombre del desierto, enemistado con los peines, que vestía con pieles y gustaba de comer langostas con miel.

Segunda escena: «Vayan y díganle a ese zorro que seguiré expulsando demonios y sanando a la gente hoy y mañana; y al tercer día cumpliré mi propósito». La cita se halla de nuevo en el Evangelio de Lucas, 13:32. El tal zorro —no tanto por su astucia, sino más bien por su capacidad destructiva— era uno de los Herodes de la época, aquel llamado Antipas. La imputación de esa calidad animal a la referida autoridad gubernamental fue idea de Jesús. Les pregunto, entonces: ¿fue una falta de respeto? ¿Una infracción a las reglas de etiqueta? ¿Simples malos modales? ¿Una acción indecorosa?

Tercera escena: «Si dije algo indebido, debes demostrarlo; pero si digo la verdad, ¿por qué me pegas?». Esta vez estoy leyendo el Evangelio de Juan 18:23. Note usted el orden de los hechos, la bofetada vino primero, la pregunta después. Con el ardor del dolor en la mejilla, la voz de Jesús interrogó a quien con violencia quiso callarlo. El motivo del golpe fue la negación del maestro frente al sumo sacerdote para responderle sobre el contenido exacto de lo que les había enseñado a sus seguidores antes de ser arrestado. Tras un golpe arbitrario, la reacción fue una pregunta certera.

Iglesia, digo todo esto para reivindicar estas tres acciones: observar, calificar e interrogar. Observar la realidad con máxima atención, con ojos abiertos ante la trama social. Calificar de manera precisa las realidades injustas. E interrogar a las autoridades que usan su poder a discreción. Son tres acciones tan inteligentes como pacíficas. No es necesario ejercerlas con el rostro cubierto y un cóctel molotov en la mano. En fin, llevan la marca registrada de su protagonista.

Constanza, que amaba y conocía bien a su marido, asentía a todo cuanto él enseñaba esa mañana. Pero asimismo fue la primera en notar las malas caras que sin disimulo colocaron casi todos los miembros del directorio de la iglesia. Ella sabía lo que esto significaba. Citarían a Ruiz a una reunión y le expondrían su malestar y también le pedirían que cambiara el rumbo de los mensajes dominicales.

Y fue más o menos así.

«Pastor, por las razones antes vertidas, tenga a bien indicarnos cuándo podrá acudir a conversar con nosotros», se leía en el párrafo final del correo electrónico que Ruiz recibió esa misma noche de parte del secretario del directorio.

Al pastor le costó conciliar el sueño. Permaneció largo rato con los ojos abiertos, mirando hacia el techo en la oscuridad de su habitación. Constanza dormía a su lado. A su memoria regresaban aquellas voces que, apenas iniciado su ministerio eclesiástico, expresaban repudio a su manera de pensar y enseñar las Escrituras. Con el paso de los minutos, el cansancio comenzó a vencerlo, pero su mente quedó atrapada en una ola de desvaríos. Soñó con felinos demoniacos que saltaban sobre el pecho para asfixiarlo mientras él, acostado e inmóvil, era incapaz de reaccionar. Se hallaba enmudecido, atrapado entre gatos salvajes de ojos fulgurantes y rodeado por una multitud ensordecedora de ruidos burlescos. Se reían de él, lo humillaban. Despertó de golpe. Estaba sudado.

Sin encender la luz, y evitando molestar a Constanza, Ruiz se levantó de la cama. Caminó con sigilo por el pasillo oscuro hacia el comedor del departamento. Allá encendió una lámpara de esquina y tomó una de sus Biblias. Se refugió en los salmos. Se sentía impotente para orar con sus propias palabras. Comenzó a leer entre susurros uno y otro de aquellos poemas desesperados escritos por David y los hizo suyos. Así, comenzó a velar sus armas dispuesto a esperar el amanecer entre lecturas y clamores. Como tantas veces antes, extrajo su libreta de notas y comenzó a escribir los pensamientos que lo atormentaban junto con aquellas promesas milenarias que le aseguraban paz en medio del caos.

Con la luz de día su ánimo fue mejor y su actitud, la de un hombre de fe. Pero las circunstancias empeoraron. La reunión con el directorio fue feroz. Ni siquiera se tomaron la molestia de hacer una oración de invocación a Dios para encomendar el asunto a tratar. Uno por uno, los miembros del directorio —excepto dos— fueron exponiendo las razones que los impulsaban —por el bien de la iglesia— a pedirle la renuncia al pastorado. Que esta no era la primera vez que esto sucedía. Que sus sermones eran una provocación pública al sentido común y una invitación imprudente a la juventud para exponerse al peligro. Que la congregación buscaba ante todo paz y amor y él, en cambio, él estaba remando hacia una catarata de insensatez. Y, por último, que no sería necesario hacer de esto un escándalo, pues el directorio sería justo en pagarle sus honorarios y hacerle una generosa provisión de fondos para que le fuera mejor allá donde emprendiera un nuevo ministerio pastoral, ojalá, eso sí, dedicado más a la teología académica que al trato directo con personas de carne y hueso.

Hubo solo dos miembros del directorio que votaron por su permanencia. La primera fue la única mujer del grupo. Una señora divorciada que, siempre a solas, se las arregló para criar a sus hijos y sacar adelante el hogar. Ella conoció el evangelio a través de una amiga que la invitó a la iglesia y, al tiempo, comenzó a participar en los estudios bíblicos que dirigía Marcos Ruiz a mitad de semana. Allí aprendió a leer la Biblia, a orar, a testificar de su fe con otros y, en especial, a amar y servir a quien fuera que se le cruzara por delante. El segundo fue un hombre anciano, el más veterano de todos en edad, pero quizás uno de los espíritus más vigorosos de la comunidad. Él aprendió a conocer y querer a Ruiz desde el día que murió su hija menor. Fue Ruiz quien la visitó más de una vez durante su larga agonía en el hospital. Fue también quien ofició el responso y predicó el último sermón en el cementerio. Y luego del funeral, acompañó a este padre dolido en un par de caminatas silenciosas en las que el viejo sólo sabía llorar y preguntarse por qué Dios le había quitado a la niña de sus ojos.

—Cony, prepara tus maletas —le dijo Ruiz a su mujer al regresar al departamento. Y citando las palabras del Génesis, con algo de humor le dedicó a ella la misma instrucción que Dios le impartió a Abraham una noche solitaria ocurrida miles de años atrás: «Deja tu tierra y tu parentela y vete a la tierra que yo te mostraré».

Sobraban las explicaciones. La mirada de Ruiz lo decía todo. Ella entendió.

—Está bien, amor mío —respondió Constanza mientras le regalaba un abrazo. «Inmigrante soy y emigrante seré. Estoy contigo donde quiera que vayas».

III

Una semana antes de aquel sermón final (¿fatal?) que le costó a Ruiz su cabeza y el ministerio en aquella iglesia, este pastor se hallaba reunido —como era habitual los sábados por la tarde— con el grupo de jóvenes.

—Hoy tenemos una invitada especial —dijo frente a una veintena de estudiantes de secundaria y universitarios—. Es una alegría inmensa tener con nosotros a Irene Spes. Me consta que algunos de ustedes leyeron aquella columna que escribió en el *Facta et veritas.* Y antes de su llegada esta tarde al salón, ya se me acercaron por lo menos tres o cuatro a comentarme que votaron por ella cuando se presentó a las elecciones de estudiantes. De veras, es un agrado que Irene haya aceptado nuestra invitación para conversar sobre la justicia, la violencia y los cambios sociales. Démosle, por favor, una cálida bienvenida.

Así comenzó la que acabaría siendo —en ese momento nadie lo sabía— la última reunión de jóvenes presidida por Marcos Ruiz.

Irene expuso, provocó y encantó. Se encargó de aclarar que su reflexión no nacía de la fe y admitió que sobre la Biblia sabía poco o casi nada. Y esto no impidió que su ponencia fuera bien recibida por los muchachos que la oían con atención, como tampoco su incredulidad religiosa fue obstáculo para que se sintiera acogida en una comunidad de sujetos ajenos a su mundo.

Esa jornada acabó de forma abrupta. Irene salió del local con evidente angustia. De camino al hospital le envió un mensaje de texto a Ruiz pidiéndole una oración en favor de su amiga Débora. Con el devenir de las horas, el pastor compuso el rompecabezas con las piezas que le faltaban. Se enteró de lo sucedido en la jornada de manifestaciones en las afueras de la alcaldía. Su vocación pastoral lo preparó cuando supo que, igual que en anteriores ocasiones, la manifestación de ese día dejaba un saldo de jóvenes lesionados. En un instante ató los cabos sueltos, la estudiante que ahora se debatía entre la vida y la muerte era Débora, la amiga de Irene Spes, por quien salió rápido y angustiada de la iglesia.

De regreso en su casa, y por la noche, Ruiz conversó con Constanza. La puso al tanto, con detalles, sobre la ponencia de Irene Spes ante los jóvenes de la iglesia y cómo estos habían reaccionado.

—¿Y sabes, Cony, cómo terminó todo? —le preguntó a su mujer cuando aún estaban alrededor de la mesa de la cocina.

Y entonces le relató sobre Débora, su participación en la jornada frente al municipio y su ahora hospitalización de urgencia.

—Sí, Cony, el nombre que se oye en la radio, en la televisión y que circula en las redes es el suyo, la herida es Débora, por quien Irene salió corriendo sin acabar la actividad con los jóvenes.

Cuando empieza a amanecer, y todavía a oscuras, el pastor sale de la cama. Siguiendo su costumbre toma su Biblia, y entre despierto y dormido pasa por la cocina para preparar su cafetera. Mientras el café fluye gota a gota y el aroma va colmando el espacio, se arrincona en su sillón y entre salmos, bostezos y frases sueltas, invoca el nombre de su Señor. Mientras va leyendo y volteando las páginas de las Escrituras buscando sin saber qué, los eventos del día anterior vuelven a encender su memoria e imaginación. Enseguida se concentra y sintiendo una gran fuerza del Espíritu, de cara a un par de versos bíblicos sobre el poder de Dios, clama en oración por un milagro para Débora. Piensa en ella cuando ruega al cielo por su vida. Le intriga la lucha de esta universitaria. ¿Qué pancarta portaría en sus manos al momento de caer al suelo? ¿Cuál habrá sido la última consigna que gritó antes de perder la conciencia? ¿Qué paraíso pretende construir, o de qué infierno intenta escapar? Siente, además, que de alguna manera estos interrogantes humanos son mensajes indirectos a Dios. Se suma así al grupo de profetas del antiguo Israel que en sus escritos interpelan al Señor a fuerza de interrogantes y dilemas para ponerlo en jaque: ¿Por qué lo permites? ¿Dónde queda tu bondad si aquí en la tierra los mortales se maltratan con crueldad? ¿Hasta cuándo tanta sangre humana derramada?

En las primeras horas de la mañana, comprueba algunos datos en internet e intercambia un par de mensajes de texto con Irene Spes. Le pregunta por el estado de salud de Débora y se entera dónde se halla hospitalizada. Planifica su día, reacomoda su agenda y le avisa a Constanza:

—Amor, voy a visitar a Débora. Quizás logre llegar hasta donde se encuentra y pueda orar por ella, o bien, tal vez coincida con su familia en los pasillos.

Hacia el mediodía, Ruiz llega al hospital. Se presenta en la recepción y expone el motivo de su visita. Exhibe su credencial de ministro de fe y es autorizado para ingresar.

—Adelante, nomás, padrecito —le dice uno de los guardias del recinto.

El pastor se ríe para sus adentros: «No hay día cuando no me confundan con un cura. Menos mal que hoy no vengo de la mano con mi mujer». Acatando las instrucciones que le dieron al ingresar, echa a caminar hacia el sector donde se encuentran los padres de Débora. Se le explicó que, por el momento, el equipo médico no ha permitido el ingreso al pabellón donde está siendo intervenida.

—Sí, claro, comprendo— respondió él ante la advertencia.

No es difícil para el pastor saber quiénes son los padres de Débora, son los únicos en un amplio salón solitario. El silencio es pesado y ambos caminan de un lado para otro acompañándose en su dolor. Sus miradas denotan desvelo y extravío y, de paso, expresan un sentimiento para el cual no existe palabra en ningún idioma para nombrarlo (¿cómo se le llama al padre o la madre que ha perdido a su hijo?). Para ellos también resulta fácil entender al instante que Marcos es un sujeto ajeno a la familia y, a juzgar por la Biblia que trae consigo, tendrá que ser un capellán o alguien que ejerce un oficio religioso. Eso no les simpatiza y en cuestión de segundos se encargan de hacerle sentir su molestia al intruso recién llegado.

Sin rodeos y de una vez, Ruiz recibe el mensaje de parte de la madre.

—Lárguese, por favor.

El padre hace lo suyo.

—Se lo agradeceremos.

El pastor tiene clara la situación. Es tiempo de callar. Y esta no es la primera oportunidad en la que ha sido rechazado.

—Está bien. Los dejo ahora mismo —afirma Ruiz mientras da el primer paso hacia atrás—. Sólo quiero que sepan que somos varios los que en estas horas rogamos a Dios por la vida de su hija. —No hay más que agregar.

El pastor se vuelve y va hacia la puerta de salida, cuando a corta distancia escucha la voz de la madre detrás. Detiene su marcha, pero no mira hacia atrás. En un tono de suma tristeza, ella acota:

—No es necesario. No estamos para ilusiones.

Ruiz se queda quieto en su puesto, denotando que ha oído lo dicho. Por un par de segundos mira al techo y, acto seguido, continúa su retirada. Lo hace tranquilo, entero.

En el estacionamiento del hospital se encuentra con Irene Spes y, junto con ella, observa a una docena de muchachos que llevan en las manos fotografías de Débora, varias velas y hasta una pancarta con la leyenda: «¡Justicia para Deby!».

—Haremos una velada en el portón central del recinto —le cuenta Irene al pastor.

Ruiz los observa, uno lleva colgada al cuello una pata de conejo y dos chicas que con premura adelantan sus pasos, van discutiendo sobre la mejor manera de manifestarle al universo que este descienda en cascadas de amor y energía sobre el cuerpo y la mente de Débora.

—Venga con nosotros, pastor. Usted también es un creyente. Súmese a esta cadena de buenas vibraciones —le dice a Ruiz un muchacho a quien Irene le ha dicho que se trata del pastor en cuya iglesia estuvo ayer por la tarde.

Marcos, cual apóstol Pablo en la Atenas del siglo primero, camina un rato con esta procesión de amigos y militantes politeístas. Minutos después, Irene lo emplaza:

—Pastor, ¿se anima a ser quien haga la primera invocación?

Ruiz acepta y agradece la oportunidad. Les dice a todos que va a orar por Débora a quien no conoce en persona, pero que sí sabe de su amor por la justicia, y que esta oración la hará con fe en el nombre de Jesús de Nazaret. Algunos lo miran con alegría, otros con indiferencia. Y entonces el pastor cierra los ojos, abre la boca y clama a Dios por un milagro.

Capítulo quinto

I

Tiene una risa que contagia. Y su voz seduce. ¿Dónde se formó? ¿Quién le enseñó? Jenifer Gaudium lo responde de inmediato: «¡Echando a perder se aprende!». Y con alegría va contando sus comienzos en las comunicaciones, cómo pasó del anonimato a ser hoy en Nefas uno de los referentes de la radiodifusión. Y aún más, gracias a la fibra óptica su nombre ha comenzado a sonar lejos de casa.

De pequeña viene disfrutando de la música. Por experiencia sabe que hay una canción para cada circunstancia. Ahora, de adulta, dirá que «así como hay cuatro estaciones y cada una tiene su belleza, asimismo la música y las letras nos acompañan todo el año con el tono apropiado». Por otro lado, siendo la menor de cuatro hermanos, y la única mujer entre ellos, supo ser la delicia alrededor de la mesa cuando empezó a formar sus primeros sonidos y palabras. Jenifer recuerda: «Mi primera audiencia —mi público incondicional— fueron los comensales de los almuerzos dominicales». Y en su memoria evoca esos domingos cuando quedaba sumergida entre abuelos, padres, tíos, hermanos y primos, y, de pronto, emergía con alguna frase chistosa por su ocurrencia y pronunciación.

No es de extrañar entonces que Jenifer hoy ejerza por oficio aquellas habilidades que viene cultivando desde la niñez: conversar con quien sea y elegir canciones para cada ocasión. Y ella ama y defiende lo que hace.

—Conversar no puede ser solo emitir palabras delante de otro —argumento este que suele reforzar observando que hay ciertas aves capaces de imitar las articulaciones de la voz humana—. No, pues, lo nuestro tiene que ser algo distinto. Nos comunicamos para que otro participe de lo que tenemos en mente y viceversa. Por eso cada encuentro donde aflora una conversación es la posibilidad de arribar a un descubrimiento. Tal como se oye, conversamos para saber. ¡Y bienvenidos sean los que quieran expandir las fronteras del conocimiento!

Notable, ¿verdad? Y con la música sucede lo mismo. Con el tiempo ha elaborado una apologética de la combinación melódica entre ritmo y armonía.

—Y, encima, si es acompañada por una letra escrita para ser cantada, ¡el resultado será una obra de arte! —afirma la locutora Gaudium.

¿Cómo lo ha hecho para mantener funcionando en el aire —y por tanto tiempo— esta mezcla de tertulia con canciones? No es la única en este giro y está lejos de ser la pionera. Entonces, ¿por qué mientras otros proyectos radiofónicos quedaron en el camino, el suyo, en cambio, sigue con vida? Jenifer comenta que no existe una receta mágica y solo toca hacer el trabajo con cariño.

—Y es que, sin amor no vale —remacha ella. Y acota—: Créeme que preparar cada capítulo del programa es un arduo trabajo.

Se refiere a su actual programa *Inter carmina loquentes*, el mismo que pronto celebrará una década de existencia.

Su esfuerzo ha sido recompensado por un par de miles de oyentes que siguen con fidelidad sus transmisiones y con frecuencia reaccionan a sus palabras y temas musicales con gestos de gratitud en las redes sociales. Con todo, no pudo ocultar la sorpresa —«en verdad, un honor», dijo ella al enterarse— cuando una universitaria llegó una mañana de verano a su estudio de grabación. Después de presentarse, la joven le señaló, que motivada por su profesora de *Comunicaciones emergentes*, primero conoció su trabajo, luego se hizo su seguidora y ahora contaba con un permiso académico para enfocar su tesis de grado analizando una selección de capítulos del *Inter carmina loquentes.*

—¿Y se puede saber por qué? —contestó entre risas una emocionada Jenifer Gaudium.

—Claro, sus entregas periódicas se prestan bien para observar el devenir de los últimos diez años —respondió la investigadora—. Los temas que abordó, la forma cómo lo hizo y la gama de entrevistados que conversaron con usted son ahora una especie de álbum de época que conviene observar con atención.

—Trato hecho.

Su estilo tiene un atractivo que la vuelve única o, al menos, algo tan escaso como esos cometas que se dejan ver en la tierra tras una prolongada ausencia. ¿Será que ella sí sabe escuchar? ¿Serán sus interpelaciones al minuto que le toca vivir? ¿O quizás esa habilidad para imaginar —sin fatiga— algunas preguntas para enfrentarse a sus entrevistados? ¿Y cómo es que siempre se las ingenia para dar con alguna letra y música relacionada al asunto que pretende compartir con sus oyentes? ¿O será que al final todo dependerá del mero timbre de su voz y su sentido del humor?

La marca Gaudium, impresa en cada capítulo lanzado al aire y al ciberespacio, es, en definitiva, un poco de ella misma. Y ella es alguien que ha optado por adentrarse sin temor en cada rincón de la vida social revestida con tres credenciales: respeto ante lo desconocido; silencio frente a lo que no sabe; y tino para compartir lo que, ante todo, a ella le asombra. Se ha propuesto que nunca entrará en una materia para pontificar y sabe que siempre será incapaz de agotar el asunto propuesto.

Por su estudio no han desfilado los grandes problemas que atormentan a la humanidad. Sí lo han hecho personas comunes y corrientes, con nombre y apellido, afectadas por alguna dolencia. Así, sus temas musicales y las opiniones que avivan la conversación no apuntan al flagelo de la guerra en general, sino más bien a cómo la muerte a mansalva obligó a Barbariska Viktórovna, una mujer nacida en Europa del Este, casada dos veces y madre de tres niños, a escapar de su tierra natal y llegar a Nefas a pedir refugio sin hablar una palabra del idioma local. En la misma línea, a Jenifer poco le interesa dialogar en el vacío sobre aquella estadística que muestra que en 1 de cada 160 muchachos se manifiesta el Trastorno de Espectro Autista, sino que le parece mejor invitar a Juan y Karina, padres de Sebastián, un chico que tiene problemas para comunicarse e interactuar con los demás, empezando por los mismos Juan y Karina.

Más de un crítico quiso destruir el programa de Jenifer Gaudium. Una de las columnas de opinión más ricas en ponzoña la presentaba como el hada madrina de los desangelados, mientras que otra algo más moderada en su desprecio la refería como la animadora del «Show de los pobres». Si la idea era hundirla y verla en el suelo, se generó el efecto contrario. Por un lado, Gaudium reforzó las estacas y decidió mantenerse firme hasta que menguara la tempestad y, por el otro, fueron cientos las muestras de apoyo que recibió y la animaban a seguir adelante. Sí, logró zafar con vida, al menos por un rato. Y lo hizo sin perder en la batalla ni su risa ni la dulzura de su voz.

Uno de los programas más queridos por sus seguidores fue aquella conversación sostenida con una profesora de Literatura que llevaba varios años enseñando poesía latinoamericana. Fue cautivante oír a esta maestra exponer la ausencia del ser amado a la luz de los poemas de Vallejo; o de aquellas invitaciones de Huidobro para dejar de hablar sobre la rosa y, más bien, crearla. Jenifer temía que esta podría acabar siendo una de las jornadas con menos reacciones —«uno de esos capítulos para el olvido», dice ella—. Pero para su sorpresa, cuando llegó el momento de abrir los micrófonos al aire y en vivo, empezaron a entrar las llamadas cargadas de emoción. Una abuela comentó que hacía varios años nadie ni nada le había motivado una sola lágrima. Un adolescente, tragándose su vergüenza, se atrevió a pedirle a la maestra que lo aconsejara para escribir una poesía a la chica que tanto le gustaba. Mas entre todas las respuestas del público recibidas ese día, la más curiosa, sin duda, fue la de ese preso que desde su penal se comunicó para manifestar que él era un seguidor fiel de *Inter carmina loquentes* y, de paso, se animó a leer tres poemas autobiográficos: uno sobre el crimen que le costó su libertad; otro, sobre la falta que le hacían los besos y la piel de su mujer; y uno tercero dedicado al Dios con el que se encontró cuando cumplió la mitad de su condena.

Cuando Nefas estalló en ese octubre de fuego de aquel año que todavía duele, Jenifer volvió a invitar a su programa, entre otros, a la citada profesora de literatura. Esa vez, la maestra llegó trayendo en la mano un ejemplar de *Historia de dos ciudades* de Charles Dickens. En el momento oportuno, se permitió leer el primer párrafo de la primera página. Aclaró la voz frente al micrófono, bebió un poco de agua y enseguida declamó:

> Era el mejor de los tiempos, era el peor de los tiempos, la edad de la sabiduría, y también de la locura; la época de las creencias y de la incredulidad; la era de la luz y de las tinieblas; la primavera de la esperanza y el invierno de la desesperación.

II

Jenifer Gaudium decidió usar su programa radiofónico para lidiar con el alboroto social que se produjo en Nefas. La vida pública sufrió tal nivel de alteración que ella no tuvo más opción que extraer de allí los temas de conversación para los próximos capítulos del *Inter carmina loquentes*. Cuando salía a caminar por las calles podía ver por sí misma las sucursales bancarias destrozadas, los supermercados saqueados, las unidades policiales incendiadas, los templos profanados y los edificios gubernamentales vandalizados. Hubo veces que la violencia fue explicada mediante folletos arrojados al aire o lienzos colgados en las zonas arrasadas. Jenifer recogía panfletos del suelo y escribía en su libreta los grafitis pintados en las paredes: «¡Muerte al kapital!», «¡A estos ricos les sobra el pan que yo no tengo!», «¡Policías: bastardos del Estado!», «¡La única iglesia que alumbra es la que arde en llamas!», «Políticos corruptos: ¡devuelvan lo robado!».

Algunos ciudadanos temían al fantasma de una guerra civil, o bien, a la insurgencia provocada por una o más células terroristas con financiamiento internacional. Había vecinos que, ante todo, veían en esto puertas abiertas para la delincuencia común

—¿Para qué pensar en una conspiración venida desde el extranjero si entre nosotros tenemos suficiente cantidad de sujetos locos y malvados como para quemar el país? —afirma la dueña de un almacén saqueado luego de una marcha por la paz.

Y ciertos intelectuales conjeturaban la llegada a un punto en el que la sociedad empezaba a torcer su dirección con rumbo hacia un norte desconocido. El «derrumbe del modelo» llegó a ser una de las frases con más bulla.

Fiel a su estilo, Gaudium siguió haciendo lo mismo de siempre, eligiendo canciones pertinentes al momento que le tocaba vivir e incluyendo en la pauta los asuntos que a la población le quitaban el sueño.

—¿Cómo reír cuando el mundo llora? —dice ella mientras redacta un borrador para mañana a la vez que le agrega un poco de leche a su café—. Me niego con dientes y muelas a la frivolidad de los medios.

Jenifer no permitirá que su programa opere como una forma de escape a las maldiciones colectivas e insistirá que, entre los gritos de la calle y los eslóganes viralizados por redes sociales, el desafío es pensar con libertad. Se ocupó entonces de invitar a su estudio de grabación a personas que, desde distintos puntos de vista, aportaran algunas ideas que ayudaran a deshacer el enredo que perturbaba el orden social.

—Hoy nos acompaña el profesor Mateo Docere, catedrático de Teoría Constitucional y Política en la Universidad de Nefas. Profesor, yendo de inmediato al grano, ¿cómo podemos iniciar una reflexión sobre los hechos que entre nosotros ya son públicos y notorios? —dijo Jenifer en una de aquellas oportunidades en las que se aprestaba para provocar junto a su entrevistado una conversación sabrosa en contenido. Y lo mismo haría en otras jornadas compartiendo sus micrófonos con representantes de la sociedad civil, estudiantes universitarios, activistas de alguna ONG, defensores de derechos humanos, líderes religiosos, etc. y, en ocasiones, cuando estas lo consentían, con una que otra autoridad gubernamental, legislativa, judicial o policial.

El profesor Docere utilizó sus minutos en la radio para sumergirse en las honduras del binomio violencia-política.

—Simplificando los términos al máximo me atrevería a presentar tres alternativas, una primera sería la proscripción de la violencia de la arena política por carecer aquella de la esencia de la acción política, a saber, un lenguaje racional compartido con el otro; en otras palabras, la destrucción es muda, no comunica mensaje alguno. Aquí podríamos pensar en una autora como Hannah Arendt. Otra segunda posición sería considerar que el derrumbamiento violento de todo el orden social tradicional es algo necesario con tal de que tiemblen las clases dirigentes y los oprimidos sean liberados de sus cadenas, estoy citando a Marx y Engels con sus palabras finales en el *Manifiesto.* Y, en fin, una tercera posibilidad sería considerar la violencia como algo innecesario allí donde al interior del Estado existen vías constitucionales capaces de gestionar los conflictos sociales con eficiencia, alternativa que fue sugerida en su momento por el mismo Carlos Marx, aunque luego olvidada por militantes que dicen llevar su nombre.

Por recomendación del profesor Docere, Jenifer Gaudium volvió a encontrarse en un contexto radiofónico con Irene Spes. La vez anterior que habían estado juntas fue cuando Gaudium entrevistó a Spes en los días de su campaña como candidata a la presidencia del centro de estudiantes de su facultad con la lista «Acción Urgente» (¡AU!). En esta segunda ocasión Irene abordó el problema de la violencia en relación con su carrera jurídica.

—Me explico, si he optado por el Derecho como mi futura profesión significa que estoy renunciando a la justicia de mano propia como forma de solucionar un conflicto. Quiero decir que el Derecho con su sistema de reglas, principios e instituciones viene a ser una manera racional y pacífica de resolver nuestros entuertos sociales y nos libra de incurrir en la brutalidad de la ley del más fuerte. De lo contrario retrocederíamos a los tiempos de la autotutela cuando cada uno se vengaba de sus oponentes echando mano a la irracionalidad de los puños, los palos, las flechas o la pólvora. El Derecho supone un avance de la civilización ofreciendo soluciones acordadas entre las mismas partes del conflicto a través de eso que llamamos negociación, o bien, cuando el acuerdo resulta imposible, permitiendo entonces que un tercero imparcial, un juez, intervenga en el asunto para tomar una decisión objetiva: una sentencia.

Llegado el turno de dialogar con los representantes de algunas iglesias instaladas en Nefas, Jenifer Gaudium supo de la existencia del pastor Marcos Ruiz a través de Irene Spes. Ella le comentó —hablando en off— que se había formado la impresión de que Ruiz era un hombre de fe con quien se podía dialogar sobre dilemas públicos.

—Pensaba encontrarme con un fanático religioso o un místico escapista, pero acabé por tragarme mis prejuicios —admitió Spes.

Entonces Gaudium lo buscó para tantearlo.

—Monseñor —dijo Jenifer después de presentarse—, me dieron su contacto y quisiera conocerlo.

Ruiz, de buen humor, le respondió:

—Número equivocado. Aquí no hay ningún monseñor ni cardenal. Pero si le sirve un pastor, cuente conmigo.

La locutora no pudo evitar reírse de lo cómico del momento y, acto seguido, le propuso lo que tenía en mente.

—¿Se anima, pastor? Saldríamos al aire el viernes de esta semana.

El día y la hora señalados, Gaudium espera que termine de sonar la cortina musical que marca el inicio del capítulo.

—Sean todos bienvenidos a una nueva edición de *Inter carmina loquentes.* Nuestro invitado de hoy no vive en las nubes, aunque lleva años pensando en el cielo (comienza a sonar música góspel de fondo). Mas, por favor, que nadie se engañe, es un hombre con los pies aquí en la tierra (silencio de voz mientras el góspel sigue sonando). Para conversar, pues, sobre lo humano y lo divino a la luz de los hechos que a todos nos tienen consternados... (último silencio generando algo de suspenso) le damos una cálida acogida al pastor Marcos Ruiz.

Ruiz acepta las reglas del juego impuestas por Gaudium. Se deja llevar por las preguntas que ella le va formulando y, de vez en cuando, consulta un par de ideas sueltas que apuntó en su agenda cuando iba de camino al estudio de grabación. Jenifer es ducha en su oficio y sabe optimizar los tiempos y talentos de sus entrevistados. Ruiz reacciona ante cada interrogante con máxima atención y elabora sus respuestas con cuidado. A ratos le contesta según lo que le ha tocado ver en las calles y hospitales, en particular visitando a los universitarios que han resultado heridos en esas manifestaciones en las que hubo choques con los agentes de fuerzas armadas y los encargados del orden público.

—¿Qué más podía hacer considerando que soy pastor y algunos de esos chicos son miembros de mi iglesia? —Fue una de esas respuestas que le salieron tan rápidas como el golpe de revés de un tenista que se juega el punto de quiebre. A Jenifer le gusta su interlocutor: lo nota despierto, concentrado y, tratándose de una persona de fe, le llama la atención la capacidad demostrada para defender con razones la esperanza en que su Dios no ha perdido el control de la historia.

—Pastor, para terminar, vaya esta pregunta final —Jenifer precisa la puntería y dispara—: Hay quienes comentan mucho sobre aquella visita suya que un par de días atrás hizo a una comisaría donde se hallaban detenidos al menos una veintena de universitarios. Algunos aplaudieron esa actitud suya y la consideraron semejante a la de ese Jesús de los Evangelios que se enfrentaba sin temor a los guardias romanos. Pero hubo decenas de voces que le reprocharon haberse puesto del lado equivocado, justificar un acto de sublevación ilegal y, por último, convertirse, quiéralo o no, en un promotor del irresponsable juego que llama a la juventud a fungir como carne de cañón en la primera línea del combate urbano.

Ruiz resiente el golpe. Pero piensa que, si la pregunta va en serio, su respuesta será del mismo calibre. Y luego de unos segundos de silencio, mientras su mirada se cruzó con la de su entrevistadora, comienza por decir:

—Sí, soy consciente de esas críticas. Me corresponde escucharlas con humildad. Sé que algunas de esas voces provienen de padres que jamás quisieran ver a sus hijos envueltos en un problema con la justicia. Comprendo las aprensiones. Pero déjeme decir dos cosas, primero, entre esos detenidos había algunos muchachos a quienes conozco y acompaño en su peregrinaje de fe. Y, segundo, fui alertado por un par de personas de confianza de que en ese momento la policía estaba maltratando a los detenidos, me advirtieron que los habían desnudado, que algunas chicas reclamaban haber sido manoseadas en sus genitales y que al menos había tres jóvenes heridos que no habían recibido atención médica.

Y de pronto pone sobre la mesa la Biblia con la que llegó al estudio. Con agilidad busca un verso y lo encuentra.

—Jenifer, antes de despedirme me gustaría leer un texto pertinente a lo que venimos discutiendo. ¿Me lo permite?

Gaudium primero asiente con la mirada y luego refuerza ante su micrófono:

—Adelante, pastor.

Entonces Ruiz afirma:

—Leeré el libro de Lamentaciones 3:36. Entre todas las versiones disponibles, usaré la Reina Valera Contemporánea. Dice así: «Hay quienes oprimen a todos los encarcelados de la tierra, y tuercen los derechos humanos en presencia del Altísimo, y aun trastornan las causas que defienden. Pero el Señor no lo aprueba».

Como era de prever cada una de estas entregas produjo su batahola. Los ánimos en Nefas estaban crispados y sobraban las personas que tras oír el programa (¿será que lo escucharon completo?) llamaban o escribían para expresar su molestia. Textos anónimos y voces trucadas oficiaban como inquisidores exigiendo el regreso de la guillotina para quienes habían participado en el capítulo del día. Ofendidos e invisibilizados sentenciaban a Gaudium y sus invitados como parte del problema. Pero, verdad sea dicha, algunos agradecían la transmisión y valoraban el capítulo como un trozo de sensatez en medio de tanta locura. Aun cuando estos últimos lo hicieran en el silencio del secreto y sin los bombos ni platillos de la orquesta de disconformes.

III

El caso de Débora Bellum, cuyas lesiones y agonía en el hospital estremecen a la opinión pública de Nefas, hoy también inquieta la conciencia de Jenifer Gaudium.

Débora es una más entre otros manifestantes que reclamando más justicia acabaron con la vida pendiendo de un hilo. La suerte corrida en esa jornada —comenzada en cultura y terminada en locura— es similar a una serie de otros eventos ocurridos pocos días atrás. El patrón se repite: tras cada jornada de manifestación aumenta el número de civiles lesionados y, entre ellos, un remanente podría morir con el devenir de las próximas horas.

Cada lesionado —Bellum incluida— es un dato. Los datos alimentan las estadísticas y, junto con las denuncias, se prestan a interpretaciones formales e informales, con o sin metodología, serias y ridículas. Pero en el *Inter carmina loquentes* su conductora se niega a teorizar en la abstracción. Ella, por el contrario, se esfuerza por ingresar en el microcosmos que es cada individuo. Lo suyo no es la historia universal, sino las historias de sus contemporáneos, le interesan los sucesos que repercuten en la mesa de la cocina de cada hogar.

Gaudium no se apura para enjuiciar a Débora y menos para condenarla. Se abstiene de sumarse a la masa acusadora que reduce a los manifestantes a una manga de ilusos, ignorantes en la crueldad de la vida e inexpertos en los sufrimientos humanos. Y tampoco se adhiere a esa barra brava que a diario invita por las redes sociales a derrocar al gobierno y volcarse en contra de las milicias que tratan de recuperar el orden público.

Sacando al sabueso que lleva dentro, Jenifer comienza a documentar la vida de Débora Bellum. Consultando por aquí y por allá logra dar con algunos antecedentes básicos de su biografía: estudiante de Derecho; querida por sus pares y respetada por sus profesores; la mayor de tres hermanos; y ahora la hija de esos padres que desde hace una semana se la pasan rondando en los pasillos del hospital en espera de noticias del equipo médico.

Gaudium extrae de sus fuentes de información todo lo que puede. No desprecia ninguna pista ni rechaza los indicios que podrían servirle para comprender cuál era el motor de impulso de Débora Bellum. Jenifer, en su papel de reportera, sale a la calle a preguntar y registrar, y luego regresa al escritorio de su estudio de grabación para escribir y analizar. ¿Por qué Débora se involucró en cuerpo y alma en una lucha de reivindicación social? ¿Fue consciente de lo que hacía o acaso terminó en el lugar equivocado por no medir las consecuencias de sus actos?

A Jenifer le intrigaba saber si lo ocurrido con esa particular estudiante de Derecho de la Universidad de Nefas, una joven que un sábado por la tarde decidió participar en una marcha convocada en el frontis del municipio, sería o no el precio que tendría que pagar cualquier persona que se diera cuenta de que este mundo está infectado de injusticias que podrían ser lesivas, cuando no letales, para la vida colectiva.

Mientras avanzaba con disciplina de hormiga en la elaboración de su reportaje sobre Débora Bellum, Jenifer siguió llevando al *Inter carmina loquentes* algunos elementos de juicio que, siquiera de modo parcial y provisorio, le permitían desentrañar el sentido de los tiempos. Aprovechó para recopilar los materiales e informes que iban dejando a disposición pública las distintas agencias de derechos humanos y algunos observadores internacionales e independientes que llegaban a Nefas para realizar sus visitas *in loco*. Era notorio el contraste entre las versiones oficiales sobre los hechos con aquellos relatos que con espontaneidad se ofrecían en las calles, plazas, comisarías y hospitales. En un lado se afirmaba lo que en el otro se negaba y, para hacer más difíciles las cosas, uno y otro contaban con un sistema de verificación de datos.

El Ministerio Público comenzó a recibir denuncias y querellas para esclarecer hechos análogos a los que afectaron a Débora Bellum. Jenifer Gaudium lo supo y también puso los ojos sobre aquello. Se trataba, por cierto, de investigaciones de alta complejidad. ¿Sería posible identificar quién fue el agente policial que disparó la escopeta antidisturbios que hirió a tal o cual persona? ¿Se podría colegir de la trayectoria del proyectil la intención del agente estatal que lo percutó? ¿Cómo entender el aumento en el número de manifestantes lesionados: malicia o descuido policial? ¿A quién achacarle esos cartuchos repartidos por el suelo sabiendo que, por un lado, no corresponden al tipo de armas usadas por las fuerzas especiales y, por el otro, los ciudadanos alegan que sus manifestaciones son pacíficas? En fin, ¿quién disparó primero, el encapuchado hacia el policía o este en defensa propia?

Luego de tanto conversar con querellantes, defensores, fiscales y jueces, a Gaudium le seguía inquietando eso de que hubiera casos en los que —pese al trabajo de investigación realizado y juicio de por medio— al final no se podía arribar a la verdad material (entendida esta como la realidad de los hechos) sino a una especie de sustituto cuya nomenclatura le sonaba incluso artificial: la verdad procesal. «Si hasta la verdad necesita de apellidos y calificativos», decía ella para sí, «significa que ya estamos con el agua hasta el cuello».

Igual de complicado fue pelear por la verdad a nivel de prensa y redes sociales. Había que cuidarse del ocultamiento de información, de las verdades oficiales y de las máquinas generadoras de seudo noticias. Los rumores se propagaban con la velocidad de la chispa que enciende la pradera. Se filtraban primero —nadie sabe cómo— y luego se divulgaban, mensajes de audio en los que se oía a los que estaban más cerca del núcleo del poder, dialogando en intimidad y expresando el miedo que sentían al ver «que el país se aproximaba al infierno». En otros registros de voz se escuchaban las arengas de los altos grados militares a sus funcionarios sincerando que estaban saliendo a las calles para enfrentarse a una turba que por momentos los superaba en número, estrategia y capacidad de fuego. «¡Los políticos nos piden usar las armas para aquietar las aguas, pero estoy seguro de que después vendrán por nosotros con sus querellas por crímenes de lesa humanidad!», se oyó languidecer a uno de los grandes del Ejército.

Jenifer lo recibía todo. Desechaba el material que carecía de un mínimo de credibilidad —textos anónimos, ausencia de fuentes conocidas e imposibilidad de verificación— y seleccionaba para sus programas aquellos testimonios que ofrecían garantías de seriedad. Y aun así se equivocó más de una vez. La confrontaron. Admitió el error y tuvo que desdecirse. Pero siguió adelante.

Gaudium abría los ojos para observar. Ante su vista se desplegaban barrios devastados, plazas vacías y comercios cerrados —con rejas y candados— a plena luz del día. Se percibía el miedo al otro, y el otro podía ser cualquiera: el ciudadano y la autoridad, el campesino y el oficinista, el comprador y el vendedor, el acreedor y el deudor, el nacional y el extranjero. En el aire flotaban los restos de las bombas lacrimógenas y respirarlo era difícil. La ruina del espacio común se descubría también a través de los sonidos y silencios que el oído podía captar. Y Jenifer se percató de eso. Habían terminado las voces de alegría de esos amigos que solían encontrarse en los bares para beber y cantar. Los juegos infantiles —con sus risas y jolgorios— se habían extinguido. ¿Cuándo fue la última vez que ella vio a un abuelo caminando con su bastón? No lo recordaba. Nefas desfallecía y se marchitaba. La ciudad se hacía pedazos, se agrietaba en gran manera. Parecía que el peso de sus culpas y transgresiones pesaban sobre Nefas hasta el punto de hacerla tambalear igual que un borracho. Solo que esta vez la ebriedad era tanta que después de la caída quizás la comunidad no volvería a levantarse.

Una noche de regreso a su casa, Jenifer pasó por el exterior del hospital donde Débora Bellum seguía internada.

Detuvo su automóvil y se quedó en su interior para mirar la escena que había al frente. Un grupo de universitarios permanecía en silencio alumbrados por las luces de un conjunto de velas. Se distinguían fotografías, decenas de peluches, ramos de flores, carteles de apoyo y ese lienzo que exigía «¡Justicia para Deby!». Habría estado contemplando unos veinte minutos este cuadro de tristeza y solidaridad, cuando de pronto observó que una pareja —algo mayores— se acercaba al grupo de jóvenes. Al instante, los chicos que estaban sentados en el suelo se pusieron de pie. Todos los presentes rodearon a los recién llegados. A distancia y sin oírlos, Jenifer podía ver las gesticulaciones y le fue fácil comprender por los abrazos y reverencia demostrada hacia ellos que se trataba de los padres de Débora Bellum. Y en efecto eran ellos. Era el recorrido diario que hacían cuando salían de hablar con el equipo médico y se despedían de ellos, caminaban luego a encontrarse con los amigos de su hija para ponerlos al corriente de las novedades. Los muchachos, por su parte, aprovechaban para regalarles abrazos, algunos besos e informales de las demostraciones de afecto que habían recibido en las últimas horas.

Jenifer bajó de su vehículo. Decidió cruzar la calle para dirigirse hasta donde se hallaba la muestra de apoyo para Débora. Quería conocer a esos padres y hablar con ellos. Dependiendo de cómo los notara, pensaba incluso extenderles una invitación a su programa si de algo les servía expresar a viva voz lo que estaban experimentando. «Si me aceptan», piensa Gaudium, «bien por todos». «Y si me rechazan —rumia Jenifer a solas en su mente— bien por ellos. Hay un tiempo para todo».

—A su programa, no iremos. Gracias de todas maneras —le respondería unos minutos después el padre.

—Pero a usted la conocemos y respetamos su trabajo. Si gusta, puede visitarnos en casa este fin de semana —acotó la madre.

Fue así como se conocieron e intercambiaron sus datos de contacto. Satisfecha, Jenifer regresa a su vehículo.

«¡Maldición!», exclama. Vomitando un par de groserías surgidas desde sus vísceras, se percata de vidrios rotos en la ventana del copiloto. Le bastó un segundo para entender lo ocurrido: había dejado su ordenador y su mochila sobre el asiento y a la vista de cualquier transeúnte. Y también de cualquier ladronzuelo que anduviera cerca y quisiera aprovechar la soledad de la noche en ese rincón de la ciudad.

Capítulo sexto

I

—¡Papá!, ¡¿te casaste usando el pelo largo?! —le pregunta con escándalo su hija mayor observando una de las fotografías del álbum matrimonial de sus padres.

—Y no solo eso, hija mía, ¡tu padre se presentó ante la Suprema Corte de la Nación luciendo esa misma cabellera el día de su juramento! —agregó Esperanza, la esposa de Mateo y la única mujer que lo comprende y acepta así como es.

—Entonces, papi, ¿por qué te molestas cuando te digo que me gustaría colorearme el pelo de verde limón? ¡No es justo! —acotó la hija menor para que el jaque inicial se transforme en un mate ahogado.

Mateo Docere, el ahora catedrático de rostro adusto y voz grave, queda desarmado y sin argumentos ante la presencia de sus tres mujeres. Ellas, en la intimidad del hogar, saben quitarle el halo de reverencia que los estudiantes y colegas suelen concederle cuando él transita por las aulas y pasillos de la facultad de Derecho. Y Mateo se deja vencer.

—Además, con dos adolescentes en casa —dice él— no hay alegato ni evidencia que me permita ganar el caso.

Sus amigos más próximos —ese puñado que lo conoce desde mocoso— lo han visto transitar de la cancha de fútbol a la biblioteca y de la melena de león al pelo corto que usa en la actualidad. Unos explican este cambio según la teoría de la evolución de Darwin.

—Eso se llama adultez —afirma con sorna uno de sus antiguos compañeros de colegio.

Otros más deslenguados lo molestan.

—Oye, Mateo, ¿y a ti cuándo te domesticaron?

Y de acuerdo con un par de profesoras que vienen con él desde el comienzo de sus estudios jurídicos.

—Lo sucedido con Mateo no es más que el milagro del matrimonio y la paternidad, sino aún lo tendríamos creyendo y enseñando de puntillas el socialismo utópico de Henry de Saint-Simon.

No era obvio que Mateo derivara, a la vuelta de los años, en un estudiante y, a futuro, un estudioso que aprendió a gozar de las humanidades. En casa, de niño, los estímulos podrían haberlo llevado hacia otras corrientes. Ambos padres eran más afines a los números que a las letras. Yendo hacia atrás, sus abuelos fueron más bien gente de la tierra. Y mirando a sus dos hermanos, ellos optaron por encaminarse, la mayor, hacia el arte de proyectar y construir edificios y, el menor, hacia la ciencia que explora las posibilidades de automatizar la información por medio de la computación.

Mateo gustó del fútbol siendo joven, pero a la crítica del momento su fútbol nunca le gustó. En todo caso, su paso por el balompié no trascendió de los campeonatos organizados, primero, dentro de su colegio y, después, en su facultad de Ciencias Jurídicas. Así que no hay mérito para creer que Nefas perdió una estrella. El día que Docere metió su último gol, hermoso como pocos, casi nadie lo celebró. Y la tarde cuando falló un penalti estrellándolo contra el travesaño casi nadie lo lloró.

Su llegada al mundo de los libros fue a paso de tortuga. Pese a que tuvo maestros capaces de comunicarle el amor a la lectura, eso fue insuficiente para que se largara a leer por sí solo. El batacazo le entró por los oídos. ¿Cómo fue? Pues gracias al radioteatro. Fueron esas adaptaciones sonoras de las novelas —unas de la antigüedad, otras modernas— las que, en cápsulas de sesenta minutos, le entregaron la médula de las historias y lo hicieron feliz. La *Odisea, Don Quijote, Tres mosqueteros, Madame Bovary, Ana Karenina, Tom Sawyer* y *Viaje al centro de la tierra* fueron troncos para avivar en su interior el fuego de la curiosidad literaria.

Así tampoco su llegada al Derecho (como objeto de estudio) y a la abogacía (como profesión) era algo impepinable. Al contrario, esa fue una decisión tomada a pesar de varias dudas que no logró vencer por completo. Entró pisando con suavidad y dejando migas de pan en el trayecto por si luego le tocaba deshacer el camino recorrido. Dentro de su mochila, además de su merienda para el mediodía, había pocas certezas y casi ninguna seguridad que no admitiera discusión. Sus primeros cursos de teoría de las normas y aquellos otros sobre el quehacer de los jueces en los tribunales, fueron, poco a poco, abriendo su hambre intelectual, pero aún no lo convencían de haber apostado sus cartas al caballo ganador. Creía y descreía, avanzaba y retrocedía. Con mediana periodicidad solía atormentarse imaginando qué habría sido de él si se hubiera embarcado en otra dirección. A menos de un mes de terminar su carrera, hizo las paces con el Derecho. Sucedió una mañana cualquiera —para él, una mañana luminosa— cuando su profesora de Filosofía afirmó, en los cinco minutos previos al toque de la campana, que, según Ronald Dworkin, ningún aspecto importante del Derecho es del todo incuestionable. Allí supo Mateo que, por fin, su barca había llegado a un rincón del universo donde le gustaría quedarse.

Mas si su ingreso a la carrera fue perturbado por un interrogante: «¿Estaré acertando al tomar esta decisión por el Derecho?», lo mismo sucedió cuando se disponía a egresar. Pero ahora la pregunta tenía una dosis de tragedia adicional: «¿Seré capaz de aprobar el examen de titulación?». Y es que el temor de Mateo tenía fundamentos. Había un alto número de postulantes que lo reprobaban y, además, él era consciente de que frente a un menú inconmensurable de preguntas había cuestiones que él desconocía, o con mayor exactitud, había materias sobre las cuales sabía apenas los rudimentos.

Y el temor se hizo carne. Mateo reprobó dos veces consecutivas. No supo contestar con el rigor que la comisión examinadora esperaba de él. Tras la primera reprobación —similar a ese penalti chuteado contra el palo— Docere sintió que la tierra a sus pies se trizaba y él caía desde lo alto para golpearse en el suelo. En la segunda oportunidad, la reprobación tuvo efectos aún más expansivos: se despreció a sí mismo, se encerró por semanas sin dar la cara ni ver la luz del sol y se convenció de que lo suyo era una discapacidad mental.

Una tarde de otoño, sintiéndose el habitante más torpe de Nefas, salió a caminar sin rumbo fijo. Llegado el momento, se cansó y buscó un lugar donde reposar. Se arrimó a la esquina de una banqueta de madera en una plaza donde, a esa hora, todavía deambulaban peatones y comerciantes. Sobre la cabeza volaban bandadas de palomas. Desde su sitio, a lo lejos, reconoció a un antiguo compañero de curso, Marcos Ruiz. Lo recordaba como un chico capaz de recitar de memoria una multitud de versos bíblicos. Docere y Ruiz discutieron varias veces sobre la existencia de Dios y, en más de una oportunidad, la conversación terminó en pelea. Pero ahora, Mateo en su angustia olvidó sus discrepancias religiosas y, sin gastar minutos en ponerse al día para saber qué fue de sus vidas en los años que no se vieron, se sinceró ante Ruiz.

—Amigo, tengo un problema. La universidad se me hace eterna y temo volver a fracasar. Me conoces, soy un ateo con poca convicción, pero ateo al fin. No me pidas que comulgue contigo ante tu Señor. Pero si puedes orar por mí, quiero que sepas que te lo voy a agradecer. ¿Recuerdas lo que siempre te decía en la escuela? No creo en Dios, pero sí en ti.

Y luego le contó sobre aquellas dos examinaciones frustradas. Ruiz escuchó a Mateo y, cuando éste se calló, comenzó a orar por él.

Docere ha olvidado lo que Marcos dijo en esa oración, pero sí se acuerda de que oyó a su amigo decir algo así como que un tal Jonás estuvo por tres días dentro del vientre del pez hasta que Dios lo liberó, y que algo similar había ocurrido con Jesús de Nazaret, quien estuvo muerto y al tercer día resucitó.

Mientras Marcos oraba en esa banqueta de plaza, Docere lo oía con respeto, sin cerrar los ojos ni decir amén.

Cuando Ruiz acabó de orar, Mateo encontró en ese mensaje la fuerza necesaria para insistir por tercera vez ante la comisión examinadora. Se presentó con más fe que conocimiento («Marcos estaría contento», pensaba Docere) y puso lo mejor de sí. Sacó a relucir su talento y buena voluntad y esta vez ¡aprobó!

Ese egreso —tan golpeado como obstaculizado— impedía sospechar que en ese momento al interior de Mateo Docere se estaba consolidando su afición y aprecio por el estudio del Derecho. ¿Es que acaso se atrevería algún día a regresar a las aulas para enseñar a las nuevas generaciones?

El tiempo fue respondiendo la pregunta, entre reprobación y reprobación, Docere adquirió destreza para trabajar con datos ciertos, distinguir entre hechos y opiniones y tomar decisiones respaldado con evidencias. A esto le sumaba su creciente pasión por la lectura. Por eso, apenas supo de un aviso de que en su facultad se buscaba un ayudante para impartir un ramo de Teoría Constitucional se atrevió a concursar por un cupo. Allí, con la instrucción e inspiración de un anciano jurista que lo tomó como su asistente de cátedra, supo cómo armar un ciclo lectivo para exponer las nociones elementales de la política. Juntos leyeron a Platón y Aristóteles; pasaron por Agustín y Tomás de Aquino; llegaron a Maquiavelo; siguieron con Hobbes y los contractualistas; e incursionaron en las páginas de Karl Marx, Hannah Arendt y John Rawls.

Tres años después, el veterano dejó la facultad y pidió al decanato que se le concediera a Docere oficiar como su natural sucesor.

II

Mateo Docere no se emborracha de glorias académicas. Haber estado al límite de la expulsión universitaria (la tercera reprobación implicaba eso) le concedió un sello de humildad que se pegó a su piel de profesor. Quizás esa sea una de las claves que le ha servido para granjearse la confianza de los estudiantes: los acoge en la sala de clases, tiene paciencia cuando los oye afirmar un disparate, les perdona su falta de vocabulario y les corrige una y otra vez sus infracciones ortográficas y gramaticales.

Lo mismo vale para su comportamiento dentro del claustro académico. Mientras a unos se le subían los humos a la cabeza con cada diplomado, magíster o doctorado que cursaban, Docere mantenía su sencillez. No intimidaba a los profesores más jóvenes ni se acomplejaba ante los de mayor trayectoria. Su juego no era ignorar al que menos tenía ni mostrarse servil con los juristas de fuste. Así se fue abriendo espacio entre sus pares y su primer encargo gremial fue oficiar como secretario de actas en las reuniones de profesores y como ministro de fe en los exámenes de titulación.

De paso, estos últimos, los temidos exámenes de licenciatura, también advirtieron la llegada del estilo Docere, es decir, dejaron de ser —al menos con él sentado en la comisión examinadora— momentos de alta tensión para el candidato y, de forma paulatina, tendieron a darse como oportunidades para reflexionar y argumentar. Quienes aprobaban la instancia, solían ir al día siguiente a la oficina de Mateo para agradecérselo.

—Profesor, su sola presencia me animó. Y mil gracias por haber asentido con la cabeza cuando empecé a disertar, entendí que no estaba disparando a la loca y me atreví a defender lo que estaba pensando. —Fue una de las muestras de aprecio que se repitió más de una vez. E incluso aquel estudiante que salía eyectado de la sala del tribunal por no responder las preguntas de la comisión, iba a verlo para recibir de su parte una palabra de ánimo.

—Sí, profesor. Gracias. No me rendiré. Lo voy a intentar otra vez —le dijeron café en mano, un par de candidatos rechazados.

Su salto a la fama, medido en popularidad estudiantil, ocurrió la vez que, según ya cuenta la leyenda que de él se ha ido forjando en la facultad, le torció la mano al decano cuando este se inclinaba por reprobar a una estudiante de primer año. Fue ese el primer examen al que Docere fue convocado, como era de esperar, en calidad de ministro de fe y redactor de las actas de calificación. Entonces llegó el turno de interrogar a una estudiante de apellido Bellum. Era, pues, la misma Débora Bellum en sus inicios más tempranos de formación jurídica. El examen transcurría con normalidad y Débora respondía de forma cabal cada interrogante que le formulaba la comisión. Docere solo podía oírla y verla en acción, mas no le estaba permitido intervenir en la evaluación. Entonces sucedió aquello de que a Débora, en vez de levantarse de la silla y dar por terminado su examen, se le ocurrió permanecer unos segundos más para refutar la que se esperaba que funcionara como respuesta canónica: «El bien común debe ser el fin último que justifica la dictación de la ley según Tomás de Aquino». El decano se impactó por tal arrojo de la estudiante. Esa actitud no era cosa común en una casa de estudios acostumbrada a la instrucción por medio de preguntas y respuestas estandarizadas. Por eso lo de Bellum fue tomado como un exabrupto. El decano no tenía ganas de aplaudir a una aprendiz de jurista («una cachorra», diría él) que se le plantaba al frente para espetar que según Hans Kelsen la justicia es un ideal irracional.

A Docere le bastó ver cómo la cara del decano se teñía de rojo para entender que Débora Bellum sería reprobada por su comentario. De modo que mientras la máxima autoridad comenzaba a mascullar un par de palabras al oído del profesor que se hallaba a su diestra, Mateo intervino con ese discurso que los estudiantes de hoy todavía evocan como un mito e imitan —con gestos y tonos de voz— cuando se reúnen a celebrar en sus bares o cafeterías: «Señor decano, si me permite, diría que la respuesta de la estudiante es correcta. La señorita Bellum no ha hecho más que citar la *Teoría pura del Derecho*».

Desde entonces el tiempo ha seguido corriendo. Y ahora Mateo Docere es catedrático de derecho constitucional y teoría política con todas sus letras. El decano no le guarda rencor; algunos de sus pares lo consultan a menudo cuando están pensando publicar un artículo; profesores de otras facultades lo invitan a foros y debates para oficiar como expositor o contraparte; y sus estudiantes suelen esperarlo a la salida de la sala de clases para preguntarle si esa mañana tendrá tiempo para un café («con leche, eso sí», les acota enseguida).

Pero si cultivar las ideas en libertad tiene un coste, Mateo Docere sabe que en ocasiones el precio a pagar es alto. Desde adentro, él ha comprobado que su facultad no siempre opera como un templo para pensar sin barandillas ni como un auditorio para expresar en voz alta la idea que ronda en la mente. En lo que lleva vivido como profesor ya ha experimentado un par de veces la ley del hielo en el interior del claustro académico por ser fiel a su método. «Y conste que nada más pretendo comportarme como un profesor, frente a un dilema humano me debo a la lógica, a la evidencia y a su nivel de relevancia».

Una vez participó en un debate sobre la despenalización del aborto. Decidió abordar el tema desde la perspectiva de aquellas hipótesis en las que se justificaría provocar la muerte del feto. Al final de la jornada su posición le valió ganarse la animadversión de una militante provida: «Ningún caso de aborto puede justificarse jamás». Como también se ganó la enemistad con una colega feminista: «Me violenta escuchar de boca de un hombre una postura en términos de muerte e ignorando los derechos de la mujer».

En aquel octubre de furia que hizo arder a Nefas hasta sus cimientos, las clases de Mateo Docere fueron más concurridas de lo habitual. Esto no significaba que la mayoría le diera la razón en su mirada de los hechos, pero sí que reconocían que en esa sala de clases se podía debatir.

—A ver, juristas, díganme, ¿qué hay detrás del incendio al terminal de buses interurbanos ocurrido ayer por la mañana en el centro de la ciudad? —les pregunta Docere a sus estudiantes.

Mientras espera las primeras respuestas, exhibe con las manos en alto sendos titulares publicados por los dos periódicos de mayor tiraje en Nefas.

—¡Nada, profesor! ¡Allí no hay ningún mensaje! ¡Esa es violencia pura y dura! ¡Lo único que lograron fue quitarnos un medio de transporte a quienes más lo necesitamos! —comenta una primera chica.

—¡Es hambre de justicia, profesor! ¡Es una manera de llamar la atención de las autoridades para que despierten! ¡Si no agitas el avispero, los poderosos de siempre te seguirán explotando! —agregó sobre la marcha otra muchacha.

Y así, una vez más, Docere abre las compuertas para recibir las reacciones de esos futuros abogados.

—Fue difícil, Esperanza, mantener el hilo de la conversación —le comentará esa noche Mateo a su esposa.

Ambos sentados en el mismo sillón, con algo de beber en las manos y los pies reposando sobre un escabel, se ponen al día de lo vivido en la jornada.

—Me imagino —le responde ella—. Con tus preguntas estás tocando fibras. Ya veo que tus clases acabarán en catarsis. ¿No será que te expones demasiado? No estoy segura de que, en momentos álgidos como estos, sea buena idea dejar que las posiciones de cada uno se radicalicen todavía más. ¡Mira que sobran fanáticos de lado y lado! —agrega ella. Mas, de inmediato, Esperanza precisa—: Pero en algo sí tienes razón, si no es en la universidad, ¿entonces dónde van a encontrarse los que piensan distinto? ¡Y no me salgas con tu payasada del ring de boxeo, por favor!

—Hoy vamos a revisar un par de autores que nos pueden dar algunas luces para entender los tiempos que corren —afirma Mateo en la próxima clase cuando vuelve a encontrarse con sus estudiantes. De nuevo, la sala se halla más atiborrada que de costumbre—. Uno es Rawls y otro es Habermas. Voy a seguir a propósito el orden de sus cronologías. Lo hago así porque me sirve para ir desde lo general a lo particular —sigue diciendo el profesor Docere, mientras que los estudiantes que llegaron a la hora toman apuntes y los atrasados buscan un lugar donde sentarse.

—En la obra de Rawls encontramos una pregunta crucial para cualquier sociedad que aspire alcanzar la justicia como modo de vida. Atención con esto, ¿es posible la convivencia pacífica al interior de una comunidad en la que sus miembros, que son muchos, tienen distintos estilos de vida?

Docere se voltea hacia la pizarra, escribe un par de palabras y deja que el silencio haga su trabajo.

—A esto, le sumaremos la pregunta de Habermas: ¿cómo podemos verificar la calidad de una democracia? —Y otra vez, escribe en la pizarra un par de ideas y se acalla por algunos segundos. En el salón se percibe atención.

—Veamos, entonces, las respuestas que uno y otro postulan para cada interrogante.

Y así Docere, con pausa y voz fuerte, comienza a dar cuenta de aquellas ideas rawlsianas de un grupo de sujetos —distintos entre sí— sentados en torno a una mesa, con los ojos cubiertos, ignorando qué rol ocuparán en la vida social y aprendiendo a modular el lenguaje de la imparcialidad («no diré nada que pueda ser usado en mi contra», piensa cada jugador). Mateo explica:

—Imaginen dos jugadores: los infaltables A y B. Aquí les va el ejemplo: A podría ser un nacionalista que no está dispuesto a reconocerle ningún derecho a B por ser este un inmigrante. Es aquí donde Rawls da el golpe de timón y dice: «De acuerdo, señor A, hágase conforme a su voluntad. Los derechos de esta comunidad serán solo para los nacionales; para los extranjeros, nada. Pero sepa que cuando se abra el telón y le toque el turno de salir al escenario para actuar, ¿sabe usted lo qué será? ¡Un extranjero! Tal cual, usted jugará el rol del forastero dentro de una sociedad que no es la que le pertenece por lugar de nacimiento y, por desgracia, no tendrá ningún derecho pues alguien —no le diremos quién— así lo diseñó». ¿Notan, juristas, lo que está sucediendo? Pues que, con tal de no quedar atrapado en sus propias palabras, A está dispuesto a no imponerle a B una carga tan pesada que el mismo A sabe que no podrá soportar.

Mateo contempla al curso esperando alguna reacción. Y las manos empiezan a levantarse para opinar. Son varias. Una chica afirma:

—Profesor, ¿no es esto acaso algo parecido a lo que Kant enseñó como una de las formulaciones posibles del imperativo categórico?

Más allá, otra estudiante sostiene:

—A mí esto me suena a lo que mis padres en casa llamaban la regla de oro: trata al otro de la misma forma que quisieras ser tratado.

Un chico sentado cerca de la puerta de salida alega:

—¡Pero si todo esto ya viene de miles de años atrás! Lo enseñan en las iglesias cuando se revisa el Sermón del Monte que predicó Jesús.

Otra mano se levanta desde una esquina para expresar:

—No se necesita ser religioso para pensar así. En la China le dirían que esto es la esencia del pensamiento de Confucio.

Y otro joven, sentado junto a la ventana, se permite concluir:

—Soy judío y sé que esta es una enseñanza del antiguo Israel impartida por Moisés en la Torá.

Mateo ríe satisfecho. Ha logrado su cometido: el curso está vivo y pensando.

—Muy bien. Sigamos. ¿Y cómo podemos responder la pregunta habermesiana sobre el pedigrí de una democracia? A ver, ¿quién se atreve a contestar? —dice Mateo al recuperar la palabra y el centro de la atención. Esta vez, es el profesor el que va pinchando a sus estudiantes, nombre por nombre, para extraer de ellos algunas ideas.

—La democracia medirá su éxito por el número de personas que participan en la toma de las decisiones —afirma Jaime.

—La democracia dependerá en último término de si las mayorías y las minorías logran convivir en paz y sin dañarse —asevera Tamara.

—La democracia se juega su razón de ser si, además de operar como un mecanismo para elegir gobernantes, tiene raíces fundadas en ciertos valores como la libertad y la igualdad —responde Lizelot.

Mateo está en su salsa. Sus estudiantes se muestran asertivos y él se encarga de hacérselos saber.

—Muy bien por todo lo que han dicho. Sin duda la propuesta de Habermas supone varias cosas de las que ustedes han mencionado. Sólo sucede que él lo argumenta de un modo categórico. Atención con esto, las democracias ameritan ser evaluadas dependiendo de la forma en la que son tratados en el interior de la comunidad una triada de personas: las mujeres, los extranjeros y los creyentes. ¿Qué les parece?

Suena la campana. La clase termina. Uno de sus estudiantes —aquel judío que estuvo sentado al lado de una ventana— se apresura a comentarle a Docere antes de abandonar el salón:

—Profesor, ¡otra vez Moisés y la Torá! La calidad de una democracia podría medirse, por ejemplo, de acuerdo con el respeto demostrado hacia un sector específico de la población: las viudas, los huérfanos y los extranjeros. ¿Tiene sentido?

Docere, el ateo Docere, lo mira directo a los ojos, guarda silencio y con picardía le contesta:

—¡Amén!

III

La agonía de Débora Bellum en el hospital impactó en cada rincón de Nefas. Noticias suyas abundaban —mañana, tarde y noche— en la radio y la televisión; se le dedicaron editoriales en diarios de circulación nacional; las redes sociales encumbraron el asunto al punto de máxima atención por varios días; y, en las casas, oficinas y calles el caso era comentado con una mezcla de dolor, rabia e impotencia. En lo que respecta al movimiento estudiantil, este veía en la desgracia de Débora la caída de una de sus personalidades más representativas y consideraba levantarse en pie de guerra. De hecho, «Las hipotenusas», un grupo de universitarias autoconvocadas para ponerse —en sus propias palabras— del lado opuesto de lo recto, hablaban de la necesidad de regresar a la ley del talión: sangre por sangre. Una de sus ideólogas llegó a sentenciar en una carta al *Facta et veritas*: «Ante el abuso de las fuerzas policiales no queda más opción para la ciudadanía que reivindicar las armas para sí. Será la única forma de acabar con esta barbarie y, de paso, volver a legitimar el uso de la coacción».

En el interior de la facultad de Derecho de la cual Débora era parte, la desazón provocada por el caso Bellum se dejaba sentir con la fuerza de una paliza. Mateo Docere podía atestiguar la pesadumbre que se percibía en los salones de clases, en los pasillos y en el casino. El nombre de Débora —con sus ideales de justicia y sus lesiones corporales— estaba en boca de estudiantes, profesores y, por cierto, en el recuerdo de don Gaspar, el más antiguo de los bibliotecarios. Nadie lo decía en voz alta, pero esos fueron días cuando los estudiantes llegaban a clases con el mismo pesar que se asiste a los funerales. Había un aire de muerte haciendo de las suyas, costaba sonreír y era complejo mantener una conversación con entusiasmo.

—Profesor Docere —le dijo una mañana al otro lado del teléfono la secretaria del decanato—, lo llamo por instrucción del señor decano para consultarle si estaría dispuesto a redactar el borrador de una declaración pública expresando nuestro repudio por lo sucedido con la estudiante Débora Bellum. Con el visto bueno del claustro académico, la declaración sería entregada a los medios de comunicación y divulgada por nuestras redes institucionales. Habría que tenerla lista al mediodía de hoy. ¿Qué me responde?

Docere aceptó. Enseguida fue a encerrarse en su oficina. Antes, le advirtió a la secretaria del departamento de Derecho Público que no estaría disponible para nadie. Ella, como siempre, sabría cumplir el mandato con lealtad y, además, con su acostumbrada gentileza, le preguntó:

—¿Supongo que sí lo puedo interrumpir cuando pasen por aquí ofreciendo ese café con leche que tanto le gusta? —Mateo asintió con gratitud y de inmediato cerró la puerta de su despacho.

Rodeado por sus libros, allí adentro se sentía a gusto. Ese era, con seguridad, su cubil felino. A veces, después de un almuerzo pesado, se recostaba sobre la alfombra del suelo para echar una siesta. Algunos de sus documentos más aplaudidos fueron escritos en ese rincón ubicado en el tercer piso del edificio. Gozaba de un ventanal que abría y cerraba a conveniencia para refrescar el lugar o mantenerlo calefaccionado. Es el mismo ventanal que tantas veces le ha regalado de improviso ciertas postales de la ciudad que aún registra en su memoria: un festival de colores al atardecer, un coro de pájaros para empezar la mañana e incluso una vez —cuando se tuvo que quedar hasta pasada la medianoche revisando un artículo— disfrutó de un concierto de grillos a la luz de la luna.

Mateo abre su computadora portátil y activa un documento en blanco. Intitula y graba el texto con el nombre «Declaración pública - caso Débora Bellum». Cierra los ojos, junta las manos y sobre ellas reposa su frente. Pasan los segundos marcados y remarcados por el tictac del reloj que cuelga en la pared. Sabe que no cuenta con el tiempo que quisiera para investigar las cosas con diligencia y desde el principio. Apostará por dar como ciertos aquellos hechos que la prensa ha divulgado a través de sus medios, en particular lo que afirman haber visto algunos estudiantes que participaron en la jornada cultural de aquel sábado cuando Débora resultó lesionada. Tratará de poner los eventos en orden. Afila sus ideas, selecciona sus palabras. Y se aplica a sí mismo el método Docere: «Me debo a las reglas de la lógica, a la evidencia de respaldo y a la relevancia del asunto».

Al abrir los ojos, y sin haber escrito todavía una sola palabra, se refugia en dos fotografías que se hallan enmarcadas sobre su escritorio. Una pertenece a Esperanza. Y otra a sus dos hijas. Las contempla a las tres. Esperanza sigue siendo para él, después de diecisiete años de matrimonio, la mujer con quien se atreve desde soportar los golpes de la vida, pasando por sobrellevar la rutina cotidiana hasta enredarse con ella debajo de las sábanas. ¿Y qué decir de su prole? «Hasta ayer eran apenas dos bebés ignorantes del mundo y ahora se han convertido en un par de adolescentes que se sienten llamadas a conquistar el universo y más allá», ha comentado Docere a un par de amigos un viernes por la noche degustando una cerveza artesanal.

Ahora Mateo lleva los dedos sobre el teclado. Apunta la vista hacia la pantalla. Está a punto de empezar a redactar, cuando de pronto, entre sinapsis y sinapsis, emerge ese fantasma de la duda que lo atormenta desde su juventud. Es una visión quimérica que se cuela con crueldad a través de sus sueños o su imaginación.

«Así te quería encontrar, Docere. ¡Mírate, nada más! Sentado y cómodo, sin haber sudado una gota de dolor. Te pillé con las manos en la masa, te aprestas a parlotear. Dime, profesor, ¿crees en verdad que tus documentos sirven para algo? ¿Sabes lo que vas a producir? Te lo diré: ¡bla, bla, bla! Eso y nada más. Lo que en tu jerga de académico llamas con elegancia «documento» es, en realidad, hablar mucho y sin sustancia. En una palabra, ruido. ¡Cómo se ha olvidado esta vaca de que ayer fue una ternera! ¿Dónde quedó ese revolucionario de pelo largo comprometido en transformar la realidad? ¡Despierta, Mateo! ¡Basta de jerigonza! Es ahora o nunca: ¡sangre por sangre o este mundo seguirá siendo la cloaca gobernada por faraones dispuestos a explotar a los desposeídos!».

Mateo reacciona. Vuelve a su centro. Caminar por la cornisa del intelecto es un ejercicio peligroso. Consulta el reloj de pared para saber cuánto tiempo le resta. Sabe que en alguna medida aquella declaración pública tiene que ser una contribución a la verdad, aunque por ahora esta no se deje ver a simple vista (¿será que hay quienes luchan en su contra?). Repasa en su cerebro algunos conceptos: dignidad humana, límites del poder estatal, insurrección y desobediencia civil.

Tres minutos antes de recibir otra llamada del decanato preguntándole si la declaración está lista para reenviarla a los miembros del claustro, Docere graba el documento en su versión final. Optó, a fin de cuentas, por describir los hechos del sábado; se detuvo en la persona de Débora Bellum; aludió a las obligaciones del Estado frente a la violencia policial; y acabó pidiendo —para este caso concreto— verdad, justicia y reparación.

Por la tarde, los profesores le darían su aprobación al texto sugerido por Docere. Lo mismo haría el decano. Hacia el final de la jornada, la declaración pública llegaría a los medios de comunicación masiva de Nefas y la propia facultad de Derecho la exhibe a través de sus redes sociales y portales digitales.

Mientras estudiantes y académicos aprueban el contenido del documento y adhieren a su petitorio, por la noche «Las hipotenusas» incendian las redes sociales ridiculizándolo. Ellas tildan el texto de «discurso pusilánime», «más de lo mismo» y de «palabras tan hermosas como inútiles». En su réplica sostienen: «Es ahora o nunca: ¡sangre por sangre o de estas lacras no nos libramos!».

Capítulo séptimo

I

De niño, Franco jugaba a ser policía. Sus hermanos medianos —un par de gemelos capaces de apropiarse de los juguetes de la hermana menor por arte de birlibirloque— hacían las veces de truhanes a quienes él debía capturar, mientras que ella —la más pequeña de la familia Bonumfidei — era la víctima de las fechorías que clamaba justicia. Una vez decidieron invertir los roles: Franco sería el afectado y su hermana pequeña la justiciera (el papel de los bribones no era transferible). Cuando ella capturó a los bandidos, no le bastó con amarrarles las manos a la espalda, sino que les exigía arrodillarse para lamer el piso del baño. Debut y despedida. Entre llantos y chillidos, los capturados le rogaron a Franco que regresara como perseguidor y los librara de su opresora. «Al menos él nos castiga con compasión», alegaron los desgraciados cuando les cortaron las cuerdas que apretaban las manos.

El padre, advirtiendo el gusto de su hijo mayor por esta clase de aventuras, lo avivó a través de dibujos animados y películas. Franco disfrutaba de lo que veía. En su cabeza infantil el mundo era asaltado por una banda de ladrones que, cada cierto tiempo, venía a molestar a los que vivían en paz. Pero eso no lo hacía desfallecer. En el fondo él guardaba una esperanza: existían los policías y detectives. Ellos sabrían encargarse de los pícaros y sinvergüenzas. Por eso, uno de los días más felices de su niñez fue cuando un lunes por la mañana, en uno de los recreos de su colegio, se le acercó María Belén —aquella compañera de curso que tanto lo quería, aunque Franco no lo supiera ni le importara—. Con ternura la chica se disculpó con él por no haber llegado el sábado anterior a su fiesta de cumpleaños y al instante le entregó su regalo. Era un set de aquellos que reproducía en plástico la estrella, la pistola y las esposas de un *sheriff.* Más que gratitud o cualquier otro sentimiento hacia su admiradora, Franco sentía ganas de escaparse de sus clases para estrenar su equipamiento de representante de la justicia y encargado de hacer cumplir la ley. Años más tarde, él le daría más importancia a María Belén que a los juguetes que le obsequió. ¿Dónde andaría? ¿Qué estaría haciendo? ¿Seguiría siendo tan bella como el recuerdo que conservaba en su memoria?

En el seno de la familia Bonumfidei se practicaba el juego limpio. Los cuatro hijos fueron criados oyendo fábulas por las noches, de aquellas en donde los tramposos tarde o temprano sufrían las consecuencias de sus engaños.

—Vivimos rodeados de pillos que solo se esfuerzan para hacerte una martingala —le advirtió su padre a Franco cuando este dudó si devolver o quedarse con el cambio que por error la vendedora le entregó en exceso—, pero tú tienes que ser diferente. —Y mandó a su muchacho de regreso al almacén a reintegrarle ese dinero a la abuela que lo regentaba.

¿Por qué ese apego a la honestidad? La madre responde con simpleza: «Porque todo lo que cosechas dará sus frutos... ¡y tendrás que comerlos te gusten o no!». Así, más que un código moral o una filosofía de la bondad, los Bonumfidei manejaban una convicción: las acciones generan consecuencias. «Y ojalá, hijos míos, cuando el búmeran que han lanzado venga de regreso hacia ustedes, los encuentre bien parados», remachaba el padre.

Cuando Franco sinceró en el interior del hogar que su anhelo era integrarse a la milicia policial, no provocó asombro en sus padres ni en sus hermanos. ¿Hay novedad si aquella mujer que ha cantado desde niña anuncia que desea dedicar su vida a la música? ¿Quién se extrañaría por el joven que desde pequeño ha deleitado con sus dibujos y pinturas si de pronto afirma que pretende ingresar a una academia de Bellas Artes? Y es que hay vocaciones que saltan a la vista e ir en contra parece algo fuera de razón. Pero, claro está, y tal como sucede en estos casos, Franco también tuvo que vérselas con las disuasiones de su padre.

—Hijo, sabes que te amo y respeto tu criterio, pero tengo que decírtelo, la vocación policial es ingrata. Tendrás que estar dispuesto a rendir la vida si fuese necesario, y al mismo tiempo tu capacidad financiera te bastará sólo para vivir al día. Serás un funcionario público. Y así, cada vez que hagas bien las cosas nadie te aplaudirá y nadie pagará por lo que hagas más allá del deber. Al contrario, por tu excelencia, acabarán dándote a ti el trabajo desatendido por los patanes que te rodean.

No hizo caso. Nadie logró mover un centímetro a Franco de su decisión. Él no desistió de su propósito. Llegado el momento se presentó en la escuela de formación policial y se apuntó como candidato. Rindió los exámenes teóricos, físicos y psicológicos, y los aprobó con holgura. A continuación, siguió con un proceso de formación de seis semestres. Cursó con éxito las materias atingentes a doctrina institucional, técnicas y tácticas policiales, prevención del delito, investigación criminal, derecho penal, armas y tiro, defensa personal y habilidades comunicativas, entre otras. Para finalizar, durante los semestres séptimo y octavo, su cuarto año de formación, realizó su trabajo práctico. Primero, fue enviado a cubrir operativos callejeros en general y, después, comisionado en pasantías a tres brigadas especializadas, la de estupefacientes, delitos sexuales, y trata y tráfico de seres humanos.

Todo indicaba que Franco Bonumfidei estaba hecho de una madera que lo hacía idóneo para ostentar sin sobresaltos el cargo de oficial en orden y seguridad pública. Sus credenciales eran cosa indisputable. Mas, la prueba a su carácter no estaba incluida en los proyectos curriculares, sino que fue provista de sorpresa por la vida. Hubo dos episodios que lo obligaron a verificar, si ahora de adulto, conservaba todavía el respeto al *fair play* inculcado por sus padres.

El primer vericueto comenzó el día cuando se enamoró de Fabiola, una compañera de generación. Ella —y casi al mismo tiempo— inició un romance con Jorge, el mejor amigo de Franco. La pareja se veía feliz y Bonumfidei no podía más que alegrarse por ellos y, a la vez, sentirse un perdedor. Sí, estaba dolido, aunque tratara de esconderlo. Una noche, de regreso de una fiesta celebrada en el campo, Fabiola y Jorge le preguntaron a Franco si podían regresar con él a la ciudad. Durante el trayecto Franco conducía su vehículo sintiéndose como el taxista de esos dos que, sentados en el asiento de atrás, ya parecían una de esas parejas de la aristocracia que cuentan con un chófer a la puerta. Pero entonces él advirtió, mirando por el espejo retrovisor, que algo andaba mal entre los enamorados. Fabiola no ocultaba su molestia, así como Jorge era explícito en su ebriedad. En un minuto hasta fue necesario detener la marcha para que el novio vomitara. Fabiola, cada vez más frustrada por este espectáculo, le pidió a Franco llevar a Jorge a su departamento de soltero, mientras que ella haría lo propio. Dicho y hecho. Entre los dos bajaron al borracho, lo subieron por las escaleras y lo dejaron instalado durmiendo sobre su cama y tapado con un par de frazadas. De vuelta en el automóvil, Fabiola estalló en llanto y abrió su corazón delante de Franco. Al llegar a su residencia, ella invitó a Bonumfidei a pasar. «Podemos escuchar música y conversar un rato. Me siento sola. Me gusta estar contigo. Me haces tanto bien». ¡Diantre! Franco la amaba y, en ese momento, hasta la deseaba. La escena era perfecta. Jorge se hallaba a kilómetros del lugar, y sin conciencia. ¿Quién iba a enterarse de ese encuentro nocturno? Estuvo por dar un paso hacia adelante, pero de pronto se oyó diciendo en voz alta: «Descansa, Fabiola. Estás agotada. Mañana te sentirás mejor. Adiós».

El segundo enredo fue aún más intrincado. Para Franco, un laberinto. Sucedió cuando, después de siete intentos de búsqueda —todos frustrados—, dieron por casualidad con el Semental, uno de los cabecillas de una banda dedicada a la trata de niñas extranjeras con fines de explotación sexual. Fue un domingo por la tarde, cuando todo Nefas dormía la siesta, mientras se realizaba un patrullaje en un sector próximo al aeropuerto. Este hombre, como nunca, se hallaba desarmado y, encima, sin el séquito de guardaespaldas que lo acompañaban como una sombra. Con su vehículo estacionado en la berma del camino, el Semental hablaba por su teléfono móvil, mirando al cielo. Lo pillaron volando bajo. Bonumfidei y su capitán tardaron en darse cuenta de que no estaban soñando. Eso era verdad. Sin pensarlo dos veces, avisaron al fiscal de turno y, sin esperar instrucciones porque el tiempo apremiaba, procedieron a la captura. Con el sujeto rendido y amordazado dentro del vehículo policial, retomaron la conversación con el agente del Ministerio Público.

—¡Lo tenemos, fiscal! ¡Sí, es el Semental! ¡El mismo, fiscal! —gritaba el capitán.

Pero entonces, como en una pesadilla, el operativo empezó a agrietarse con cada pregunta del fiscal.

—¿Lo sorprendieron en flagrante?

—No, pero...

—¿Contaban con una orden judicial para detenerlo?

—Ninguna vigente, pero...

—¿Porta consigo este sujeto algún tipo de arma?

—Nada, impoluto, pero...

—Capitán —comentó el fiscal—, déjelo detenido de todas maneras. Llamaré al juez de garantía y explicaré la situación. Pero me temo que esta detención será declarada contraria a derecho y el fulano recuperará su libertad en menos de 24 horas.

El capitán no estaba dispuesto a dar el brazo a torcer. En esto se apostaba también algo de su fama. Entonces, de la nada y sin evidencia de respaldo, le ordenó a su subordinado:

—Bonumfidei, llama de nuevo al fiscal. Dile que hemos revisado el celular de este animal encontrándole abundante material pornográfico infantil y un par de pastillas de éxtasis en los bolsillos.

Franco quedó de una pieza. Por fuera se le veía dueño de sí, mas por dentro intuía que esto podía costarle la carrera.

Trató de razonar con su capitán. Fue inútil. —¡Idiota! -espetó el capitán—, ¿que no te das cuenta de que ante la opinión pública vamos a quedar como un par de estúpidos? ¡El Semental en libertad! ¡Piensa en las víctimas! ¡Hazlo por ellas, imbécil, si acaso te da asco hacerlo por ti!

Bonumfidei se sentía atrapado ante el poder de su jefatura. ¿Quién iba a enterarse de que habían plantado evidencia? Capturar al Semental era un salto a la gloria. Dejarlo escapar, además de convertirlos en el hazmerreír de la nación, implicaba también despedirse del cargo. El capitán era un sujeto con influencias dentro de la institución, y Bonumfidei, a su lado, un pipiolo. Pero de nuevo, Franco abrió la boca para decir:

—No, mi capitán. No haré eso.

II

Era octubre y Nefas reventó en ira, cuando Bonumfidei sintió como nunca la fricción de las capas tectónicas de la sociedad. Para él, lo vivido alcanzó la magnitud de esos eventos que había leído en sus libros de historia: cambios de época —con sangre de por medio— ocurridos siglos atrás en otros continentes. Para ese entonces, Franco ejercía sus funciones en el interior de una unidad policial dedicada al desbaratamiento de las entidades de crimen organizado que flagelaban a Nefas de norte a sur.

De aquel incidente con el Semental —detenido con esfuerzo y puesto en libertad a las horas—, Bonumfidei se logró zafar. Se abrió un sumario administrativo para despejar su responsabilidad y la del capitán en ese operativo que ya pintaba para ejemplo de manual sobre cómo echar las cosas a perder. Franco se defendió relatando -y repitiendo hasta el hartazgo— los hechos de ese día, mientras que el capitán mantuvo sus ficciones sin retractarse. Ambos pudieron haber sido sancionados con rigor (uno por torpe, el otro por trucho) de no haber sido porque, pese a todo, la policía —Franco y el capitán incluidos— logró seguirle los pasos a la banda de pederastas comandada por el Semental. Así dieron con el segundo hombre dentro de la organización. La captura de este otro jerarca de la pedofilia levantó la moral del Ministerio Público y de las fuerzas de seguridad, y rebajó el peso de la espada que al final cayó sobre Bomunfidei y su jefe. Ambos quedaron con anotaciones de demérito, pero con aire para seguir respirando por mucho tiempo más.

Con Nefas en llamas —celebradas por unos, temidas por otros— la policía tuvo que desdoblarse en sus labores. Había que atender urgencias como vandalismo a la sede del gobierno, ataques a instituciones financieras, incendios en los terminales de buses, etc., sin descuidar a los males que de antaño y a diario sufría la población, como mujeres golpeadas por sus proxenetas, hurtos de perfumes en farmacias, turistas asaltados, vecinos lesionados en riñas, compradores estafados por charlatanes, etc. Y es que, aun en medio del caos, tocaba seguir viviendo.

Fue en uno de esos días de servicio en la comisaría cuando Franco atendió a una mujer que denunciaba, entre angustia y rabia, un robo de especies ocurrido la noche anterior en las cercanías del hospital Patiens.

—Me repite su apellido, por favor —le pregunta Bonumfidei a la denunciante que tiene frente a sí mientras va completando los datos en la computadora.

—Gaudium —responde ella con pocas ganas de participar en este procedimiento.

Franco levanta la vista y, por unos segundos, la mira. No conoce esa cara, pero sí reconoce el nombre y la voz.

—¿Jenifer Gaudium del *Inter carmina loquentes*? — pregunta el policía con algo de rubor en las mejillas.

Ella se sorprende y, en cosa de segundos, una sonrisa aparece en los labios. Su tono se dulcifica y, sintiéndose algo menos agraviada que al principio, continúa relatando los hechos. Ante un oyente tan interesado por ella y su suerte, se expresa con libertad. Lamenta que en su computador portátil se hallaban algunos archivos para los cuales no tiene respaldo y que en su mochila había una libreta de apuntes que contenía algunos contactos, «mis fuentes de información», quiero decir, que no había registrado todavía en su teléfono móvil.

—Como verá, he perdido herramientas de trabajo. ¡Qué bronca! En fin. Soy una más de quienes han pasado por lo mismo. Prefiero respirar hondo y seguir adelante. Valoro su atención, oficial —comenta Jenifer.

—Daremos el máximo en esta investigación —afirma Franco, aunque apenas lo ha dicho se hace notar en el aire la distancia que separa las intenciones de la realidad.

De todos modos, Gaudium se lo agradece. Le sonríe. Ella intuye que su denuncia irá a parar al cajón de los casos sin resolver, pero le agrada la forma en que este policía la ha tratado.

—La escucho desde el primer año cuando salió al aire con su programa. Me gusta su estilo. Estas últimas semanas sus invitados han estado a tono. Entre tanta chifladura en el ambiente, oírla a usted ha sido reconfortante —le transparenta Franco y, de nuevo, su rostro se enrojece.

Cuando Jenifer Gaudium se retira de la comisaría, Franco echa a volar su imaginación. Se inventa un capítulo del *Inter carmina loquentes* donde él es el invitado. «Quiero mandarle un saludo a mis padres y abuelitos, a mi perro y a mi gato». Se ríe de su tontería. Mira a través del ventanal que da a la calle y prolonga la vista hacia el horizonte. Se concentra y ahora va en serio. Sí, le gustaría que Gaudium con sus preguntas lo llevara a recorrer las honduras de su vida. Le contaría las cosas sin agregar ni quitar. Puede que alguien muestre interés en conocerlo. Hablaría de cuánto ama su institución. «Sí, Jenifer: he dicho amor», reforzaría él si acaso la viera levantar una ceja con incredulidad por detrás del micrófono. «No, no soy belicista, pero tampoco un abolicionista de las fuerzas armadas. Creo en la razón que controla las manos que sostienen los fusiles», agregaría él, a ver si con eso satisface la inquietud de su entrevistadora. «Sí, soy consciente de los abusos cometidos por mi institución. Estoy informado y tengo memoria. Aun así, la sigo amando, desde adentro, y por eso no me voy. Tengo razones para renunciar, pero decido permanecer aquí», sigue elucubrando Bonumfidei. «Condeno los crímenes cometidos por aquellos que vistieron el uniforme que estoy usando delante de usted. Sé que ha sido derramada sangre de inocentes. Esos son hechos que forman parte de una historia que conviene recordar. ¿Me pregunta usted qué hacer con esos individuos? Nada distinto a lo que debiera hacerse con el médico que abusa de su paciente, el sacerdote que profana a un feligrés, el profesor que violenta a su estudiante o el padre que denigra a su hija. Todos ellos ameritan ser enjuiciados. Que los jueces conozcan los hechos, ponderen la prueba y dicten sentencia. Que la ley sea aplicada con igualdad y sin acepción de personas.

¿Hasta dónde llegar, dice usted? Hasta donde los hechos y la evidencia lo permitan», continúa Franco con su monólogo en los estudios de grabación de su mente. «Franco, para ir terminando, ¿qué piensa y siente cuando recorre la ciudad y encuentra grafitis en las paredes que apuntan hacia la policía?», le consultaría Gaudium en esta ficción. Bonumfidei sabe a dónde ella quiere llegar: «¡Malditos!, ¿por qué sus madres no los abortaron?», «¡Bastardos, cerdos del Estado!», «Policía muerto = abono. ¡Cuidemos los árboles!», «¡Canallas, opresores, machos violadores!», «¡Nos torturan y eso que les pagamos el sueldo!». «Sí, Jenifer. Los he leído. Me duele. Creo entender el motivo de la insolencia. No todos somos así ni hacemos eso. Somos cientos los que estamos aquí por vocación. La invito a conocernos», respondería él. «¿Cuáles son entonces sus palabras para despedirse de quienes nos están escuchando?», acabaría por decir aquella Gaudium que sólo existe en el cerebro de Franco. Ante ese emplazamiento, él contestaría: «Que usted y yo hemos nacido de mujer. De niños supimos jugar, en nuestra juventud nos atrevimos a pensar, como adultos deseamos amar y cuando seamos viejos buscaremos seguridad. Lo mismo aplica a los que se conectan a su programa. Mi uniforme no me hace distinto a usted y sus oyentes. Nuestros cuerpos no resisten la violencia, nuestras mentes repelen la mentira y en nuestro interior tememos ser despreciados por los demás. Nos necesitamos unos a otros, pese a la capacidad que tenemos para destruirnos. Sigo apostando por el entendimiento mutuo».

—¡Bonumfidei! ¡Rápido! ¡Urgencia! ¡Fuego en el patio! —le grita una compañera desde la puerta de entrada. Franco despierta de su ensoñación. Atina y comprende lo que está sucediendo. Se apresta para atender la emergencia. Al llegar al patio de la comisaría observa cómo un vehículo policial es consumido por las llamas. En el suelo abundan vísceras de animales, una cabeza de chancho, al menos una docena de gatos sin vida y cientos de trozos de papel. Un olor a podredumbre se expande por el lugar.

—Todo fue muy rápido —trata de explicar uno de los guardias del recinto cuando se logró extinguir el amago de incendio—. Un furgón se detuvo justo al frente de la unidad. Bajaron seis sujetos encapuchados. Por sus siluetas diría que eran mujeres.

—A la distancia arrojaron cócteles molotov junto con los desechos de animales. Y antes de huir lanzaron al aire estos folletos —atestigua otro funcionario y exhibe unos de los papeles recogidos del suelo. «¡Desgraciados! ¡Se metieron con una de las nuestras! ¡Sangre por sangre!», se puede leer en el documento.

Al atardecer, cuando Franco y sus compañeros terminan de trapear el patio del establecimiento con agua y cloro, «Las hipotenusas» —a través de sus redes sociales— se atribuyen la autoría de las acciones. «¡Y sepan que no lograrán detenernos!», advierten.

III

«Las hipotenusas» acertaron en que la mayoría de funcionarios que participaron en el operativo que acabó en la agonía de Débora Bellum pertenecían a la comisaría que ellas atacaron. Entre esos, Franco Bonumfidei. Hubo también algunos agentes —en menor número— de otras unidades. Allí se contaba el capitán que se trabó en enemistad con Franco por el incidente del Semental.

Dada la connotación pública de los hechos, además de tres denuncias presentadas, una por la familia Bellum, otra por la Defensoría Nacional de Derechos Humanos y la tercera por el claustro académico de la facultad de ciencias jurídicas de la Universidad de Nefas, el Ministerio Público había abierto una investigación. Entre las diligencias de rigor para esclarecer lo sucedido e identificar a los responsables, la fiscalía le exigió al alto mando policial la entrega de la nómina de los agentes que estuvieron en el sitio del suceso y, entre otras pesquisas, ordenó el levantamiento de las grabaciones captadas por las cámaras instaladas en el espacio público y en los edificios particulares ubicados alrededor de la zona del conflicto.

—Señor Bonumfidei, explíqueme con detalles la función que usted desempeñó ese día —le preguntó el fiscal instructor a Franco cuando lo tuvo sentado frente a sí en calidad de imputado.

Y la misma mañana, alcanzó también a recibir al capitán.

—Le advierto que de acuerdo con la legislación penal en vigor se prohíbe y castiga la mentira en una investigación criminal —le dijo el fiscal a uno y otro antes de escucharlos declarar. Franco optó por ir a solas y habló, mientras que el capitán contrató los servicios de una abogada e hizo uso a su derecho a guardar silencio.

Bonumfidei declaró que él se hallaba en un costado del edificio municipal custodiando una puerta de acceso lateral, puerta que tras varios golpes con troncos estaba por ceder.

—Se me comisionó junto a nueve colegas, éramos diez en total, impedir que los manifestantes ingresaran a la alcaldía —aclaró—. Cuando me disponía a pedir refuerzos, porque nos arriesgábamos a ser superados por los universitarios, de pronto, se oyó de lejos el estruendo de una multitud que gritaba escapando del chorro que arrojaba nuestro vehículo lanzagua. Las balizas empezaron a sonar y sé, por el relato de mis compañeros, que esos fueron los momentos cuando se hizo necesario dispersar a un grupo de manifestantes disparando los fusiles antidisturbios.

—Señor Bonumfidei, ¿sabe usted quiénes integraban el piquete que enfrentó al grupo donde se hallaba Débora Bellum? —siguió interrogándolo el fiscal. Franco guardó silencio para ordenar sus ideas.

—Fiscal, sólo puedo decirle dos cosas: primero, eso ocurrió en el frontis del ayuntamiento y yo, como le dije, estaba custodiando el acceso lateral; segundo, también me hice esa pregunta y cuando quise averiguarlo mis compañeros callaron, aunque uno de ellos me comentó: «Franco, no te metas en problemas». Admito que luego de eso dejé de insistir.

Las palabras de Bonumfidei fueron recibidas con incredulidad por parte de un fiscal acostumbrado a lidiar con pactos de silencio en el interior de las instituciones castrenses y policiales. Para el persecutor, Franco era un sujeto que conocía la verdad, pero —sea por miedo o conveniencia— prefería cerrar la boca. Encima, la presión que se impuso sobre el Ministerio Público por parte de la opinión pública fue enorme. Y por su lado, el fiscal quería a toda costa despejar los rumores de quienes lo sindicaban como uno que le debía una vela a cada santo. Así que a corto andar la fiscalía decidió formular cargos en contra del grupo de oficiales que se hallaba en el sitio del suceso —y en sus inmediaciones— en el momento que Débora

Bellum fue herida. Esto implicaba perseguir, entre otros, a Bonumfidei y al capitán.

La tarde cuando a Franco le entregaron en su domicilio la notificación que lo citaba ante la judicatura para ser imputado de manera formal, se replanteó su vocación policial. La resolución judicial le informaba que de no comparecer el día de la audiencia podría despacharse una orden de detención en su contra. Además, se le comunicaba que de no presentarse con un abogado defensor contratado de forma particular sería entonces asistido por un letrado de oficio.

Al ver escrito su nombre en ese papel en el mismo renglón del calificativo «imputado» recordó las advertencias de su padre y de aquellos amigos que, años atrás, trataron de persuadirlo para que invirtiera su vida en otras materias.

—Sabes cuidar el cuerpo y la mente —le dijo una vez con elegancia uno de los ancianos del barrio que lo conocía de niño—. ¿Por qué mejor no te dedicas a la instrucción deportiva? Serías de aquellos que predican con el ejemplo. Eso te haría resaltar de inmediato entre los demás. Ya te imagino gestionando una academia de deportes de alto nivel.

Franco le agradeció su consejo.

—Me siento halagado —reconoció. Pero no. Él quería e iba a ser un policía. Era una resolución irreversible.

Cuando la decisión de la fiscalía se hizo pública a través de los medios de comunicación, las fibras morales de la sociedad volvieron a tensionarse al máximo. «Avances en el caso Bellum», publicaba un periódico de circulación nacional. «¡Se hará justicia!», afirmaba un semanario. «¡Lo sabíamos! ¡Eran ellos!», se leía en un pasquín. «¡Hasta secarlos en la cárcel!», caricaturizaba un meme que circulaba en las redes mostrando las caras de algunos de los agentes que serían incriminados. Y a partir de ese momento dejaron de registrarse ataques a las unidades policiales.

A cuarenta días de su audiencia, Franco escribió una lista de tareas que se proponía hacer. Comenzó por revisar en la ley penal la cuantía del castigo que arriesgaba si llegaba a ser condenado. Las hipótesis de tortura comenzaban en los diez años y un día de privación de libertad hasta el presidio perpetuo, y los casos de apremios ilegítimos u otros tratos crueles iniciaban en los tres años y un día hasta los veinte años de privación de libertad. Luego, consultó entre sus contactos por un abogado. Le recomendaron a Marcelo Pratum. «No te dejará pobre y sabrá defenderte», fue todo lo que necesitó escuchar para confiar en él y requerir sus servicios. Y, por último, buscó hasta encontrar a tres personas con quienes —por alguna razón— le gustaría conversar.

—Capellán, gracias por recibirme —le dijo Bonumfidei al encontrarse con él en la cafetería de la academia policial. Se conocieron en sus años de formación, en uno de esos talleres a los que él asistió de forma voluntaria—. Lo recuerdo todavía. Usted disertó sobre la paz en la conciencia —comienza Franco dejando espacios de silencio entre palabras—. Mire —siguió diciéndole—, me siento ajeno a todo lo que sea religión, pero tampoco salgo corriendo cuando oigo el nombre de Dios. Sólo sucede que nunca me ha interesado conocerle. Jamás he leído uno de esos libros sagrados como ese que usted nos leyó cuando impartió su taller. Tal vez lo mío pueda llamarse apatía.

El capellán lo escuchó y no mostró apuro para hablar. Cuando Franco no tuvo más que decir, el eclesiástico le hizo algunas preguntas. Entre ellos se avivó una conversación que se prolongó casi por tres horas. Al despedirse, el capellán puso en las manos de Franco una Biblia.

—Tómala. Es un regalo. Te sugiero leer estos salmos que dejé marcados. Son oraciones. Alguna vez alguien las clamó desde la angustia, en especial cuando fueron perseguidos. Atrapados entre la espada y la pared, optaron por gritar a Dios.

Andrés Araya fue la segunda persona con quien Franco se encontró. Hubo un momento de su juventud cuando los dos fueron muy amigos y compartieron almuerzos, libros, largas caminatas y chistes. Pero ahora estaban distanciados por las vueltas de la vida. Se dieron cita en un bar. «Te espero hoy a las ocho en el Leviatán», le escribió Araya al mediodía por mensaje de texto. «Allá sirven una cerveza artesanal que me han recomendado y me gustaría probar», acotó. Y llegada la hora, con puntualidad, Araya y Bonumfidei se estaban poniendo al día por los años que no se habían visto. Al momento de las verdades, Franco lo actualizó en su situación judicial.

—¿Qué puedo decirte, Franco? —se animó a responderle Andrés. Y comenzando por relatarle algunas escenas tomadas de esas novelas sobre capitanes en naufragio y marineros en problemas que su amigo leía por montones, se permitió sugerirle con firmeza y sencillez, después de un vibrante relato de media hora excitado por la cebada—: ¡Resiste, Franco!

Con quien tuvo dificultades para dar fue con María Belén, la chica que, en los años escolares, no llegó a su casa para celebrar con él su cumpleaños, pero tuvo la gracia de llevarle un obsequio al colegio. Después de navegar en internet y sumergirse en las redes sociales, la encontró. ¿Por qué lo hizo? «Esto de comparecer ante un tribunal para enfrentar la justicia es para mí lo más cercano a la muerte», piensa para sí. Y con esa actitud del que teme que le queda poco tiempo («nunca amé tanto mi libertad», reconoce) se movilizó con esfuerzo para desempolvar sus afectos. «¡Franco! ¡Qué sorpresa me has dado! ¡Claro que me acuerdo de esa estrella de sheriff!», le contestó ella subiendo un comentario a su muro. Así volvieron a conversar. «Me casé. Soy mamá de una niña. Y junto a mi hija salimos de Nefas poco antes de la erupción de odio de aquel octubre», le escribió ella por chat. Bonumfidei tuvo una emoción para cada parte del mensaje: tristeza al saber que, de nuevo, le tocaba perder en asuntos del corazón; alegría por saber que ella es feliz con su pequeña; y frustración al enterarse que emigró. Con algo de vergüenza digita con los dedos una pregunta más. La despacha. Se sintió morboso y quiso eliminar su mensaje. Pero fue tarde. Ella lo leyó. Al instante María Belén le contestará con un mensaje de voz: «No, Franco. No me refiero al caos político que reventó en Nefas. Es solo coincidencia. Cuando digo "erupción de odio" me refiero a mi proceso de divorcio. En octubre salió la sentencia que disolvió mi matrimonio».

Capítulo octavo

I

—Gracias por este reconocimiento. Es hermoso, pero están exagerando en su amabilidad. Sólo hice lo que pude con lo que tenía en mis manos —afirma Gamaliel Bocero. Sonrojado sube al estrado y recibe un galvano que lleva su nombre de manos de la presidenta de la AVVE (Agrupación de Víctimas de la Violencia del Estado). En la reproducción metálica se ha escrito de forma artística una leyenda que reza: «A nuestro abogado, con gratitud, por su lucha sin cansancio en pro de la justicia y la verdad». De inmediato, las luces de las cámaras fotográficas apuntan hacia él. Siguen los abrazos, caen algunas lágrimas y luego todos levantan sus copas en un brindis de camaradería. Es una noche de gloria y alegría.

Cincuenta años atrás, allá en una de las provincias del sur, el joven Gamaliel Bocero egresaba de su facultad de Derecho ilusionado e ignorante de lo que estaba por suceder. Apenas había aprobado su examen de licenciatura y se disponía a repartir su tiempo entre escribir su tesina y realizar su práctica profesional, cuando el orden constitucional en Nefas fue interrumpido por las fuerzas de las armas. La democracia se quebró. Se instauró un gobierno autocrático. Este fue un paréntesis de crueldad que se prolongó por casi dos décadas. Los registros oficiales —elaborados una vez derrocada la tiranía gracias a la movilización ciudadana— dan cuenta (en números gruesos) de sobre dos mil casos de ejecuciones extrajudiciales; unas tres mil desapariciones forzadas; y cerca de veinte mil torturas en cautiverio.

En medio de esa barbarie (el degüello de Nefas), Bocero escribió su memoria de grado, censurada en algunos párrafos por las autoridades académicas mandatadas desde el centro del despotismo, y se familiarizó con el derecho penal, ofreciendo sus primeras consultas jurídicas en un despacho instalado dentro de la penitenciaría.

Con la autorización otorgada por la Suprema Corte de la Nación para ejercer la abogacía, Gamaliel Bocero emigró hacia la capital y debutó en el foro judicial. Interpuso sus primeras acciones de cautela constitucional a favor de esos compañeros de universidad «que, sin haber delinquido, fueron arrestados al interior de sus hogares y nunca más regresaron» (como le responderá, décadas después, a la locutora del *Inter carmina loquentes*). Fueron años cuando un sector de la población fue aniquilado por sus creencias políticas. Y Bocero quiso defender a esos miserables.

Pese a su esfuerzo, sus alegatos y escritos fueron directo al tacho de la basura. Esa época era el escenario más inhóspito para un principiante como Gamaliel. Si hasta había mucho de candor cuando una corte de justicia oficiaba al Ministerio del Interior (nido de las víboras de mayor jerarquía de la tiranía) pidiéndole que informara por escrito si acaso tenían noticias sobre la detención de Alfonso Arias (cuando su cadáver ya volaba dentro de un saco a bordo de un helicóptero para ser arrojado al mar) o sobre la ubicación de Amanda Loyola (en ese momento desnuda y amarrada a un catre metálico para ser sometida a una descarga eléctrica). Las respuestas de esa cartera de Estado solían ser del tenor «No consta la existencia legal del ciudadano consultado» o «La ciudadana en cuestión no se ha dirigido a este ministerio a requerir ningún servicio».

Bocero tuvo que ir aprendiendo sobre la marcha. Aprender, primero, cómo defender a un preso político y seguir existiendo.

—No era cosa de perder un juicio, Jenifer, sino de perder la vida —dijo él en aquella entrevista radial.

Y aprender, además, qué argumento podría servir para pedir la libertad de un detenido que tenía en su contra al aparataje estatal.

—Me sentía como Moisés compareciendo ante el faraón para pedirle la liberación de los israelitas —dice él y se ríe.

Fue entonces un aprendizaje más práctico que teórico. Pero conste:

—Amo los libros —supo replicar Bocero ante otra pregunta de Gaudium—, los cuido, colecciono y evito prestarlos. Por eso sufrí cuando la represión quemó las bibliotecas de ciertos autores proscritos. Pero en aquellos años la vida estaba demasiado peligrosa como para sentarse a leer.

Una tarde cualquiera, Gamaliel vio su imagen reflejada en el espejo del baño de su oficina. Se acercó hasta tocar el cristal con la punta de la nariz. Con la boca arrojó vapor hasta empañarlo. Siguió así por segundos que luego se convirtieron en minutos. De pronto, y de la nada, comenzó a llorar. ¿Qué había pasado? Algo tan sencillo como profundo, fue consciente, por primera vez consciente, del milagro de estar vivo. Una noche, en una cena en el hogar, volvería a ese recuerdo para decir:

—Me sentí como ese sobreviviente que es encontrado por los rescatistas bajo los escombros de un edificio derrumbado. El mismo que cuando ya está en un espacio seguro se entera de la magnitud del terremoto y, a la vez, de que sus familiares y amigos han muerto.

Derrocada la tiranía, y con el advenimiento de la democracia, Bocero comenzó a ver sus primeros triunfos judiciales. Tan acostumbrado estaba él a que sus querellas acabaran sobreseídas («acuérdese, Jenifer, que encima teníamos una ley de amnistía que impedía la persecución de estos crímenes») que no podía creer que alguna vez llegaría el día cuando un tribunal cerrara la investigación para que el proceso siguiera adelante con las fases de acusación y juzgamiento. Y ese día llegó. Y luego, muchos otros de esos mismos días.

La judicatura de Nefas supo recuperar su dignidad después de sus años de oscurantismo. Las actitudes irracionales y la oposición sistemática a la verdad fueron dando paso a jueces comprometidos con el esclarecimiento de los hechos e instruidos en los tratados internacionales sobre derechos humanos. Comenzó una batalla contrarreloj por redimir el tiempo perdido. Y, entre otros, allí estaba Gamaliel Bocero levantando su bandera de «¡No a la impunidad!».

Cuando el oficio de litigante de Gamaliel pudo correr sobre rieles estables, él fue invitado —en paralelo— a impartir docencia universitaria. Su estilo fue, ante todo, el de un profesor que extraía sus ejemplos a partir de las pellejerías vividas. Su conocimiento de la realidad no era mera especulación, sino que la suya fue una epistemología nacida de la experiencia y del aprender haciendo. Los jóvenes gustaban de escuchar sus historias, incluyendo esas que implican admitir un par de metidas de patas (¡hasta el fondo!). Sin duda, mientras estuvo vinculado a una facultad de Ciencias Jurídicas, esa fue su credencial sobresaliente: alumbrar el entendimiento de sus estudiantes por medio de ilustraciones purificadas en el horno de la vida, y siempre relatadas en un lenguaje campechano.

Con todo, su mayor goce fue el haber logrado presidir por más de veinte años un consultorio jurídico financiado por el Estado y enfocado a la protección de los derechos humanos. Ese fue un espacio público —de atención gratuita— donde las catervas llegaban por oleadas (la mujer que tenía preso al marido, el extranjero que había ingresado al país por un paso no habilitado, el travesti golpeado por un policía, los padres de un niño fallecido en el sistema público de salud, la niña sin matrícula escolar por su hiperactividad y déficit atencional e, incluso, el militar desvinculado del Ejército por haber denunciado un caso de corrupción). Fue un refugio para los excluidos del sistema y un laboratorio para juristas en formación. Quien llegaba en calidad de usuario era escuchado, y en ocasiones consolado con pañuelos y vasos de agua, y renovaba la esperanza de que su conflicto jurídico podría tener una solución. Y los que llegaban en calidad de pasantes tenían acceso a una ventana que les permitía entender cuán grande y complejo es el mundo.

Tras haber recorrido cinco décadas ejerciendo la abogacía y, en buena medida enseñando también el ordenamiento jurídico, Gamaliel siente por dentro una pulsión que lo fuerza a sacar del baúl de los recuerdos sus mejores anécdotas, sus alegatos más inspirados y sus escritos más sesudos. ¿Y qué tienen estas cosas en común? En ellas subyace un mismo sustrato, una observación atenta a los hechos del caso sin omitir sus detalles; un manejo inteligente de ciertas normas y doctrinas jurídicas; una retórica puesta al servicio de la verdad; y, más que todo, la decisión consciente de ponerse del lado de quienes necesitan un poco de justicia.

—Don Gamaliel, y después de todo lo vivido durante estos años —le preguntó Jenifer Gaudium cuando lo tuvo de invitado en su programa—, ¿lidia todavía con algún interrogante que lo siga perturbando?

Bocero oye, piensa y responde:

—Sí, fíjese usted. Sigo sin saber cómo fue que la tiranía que se impuso en Nefas, con sus mecanismos represivos, aparatos de inteligencia, agentes desalmados y con un sistema de reglas diseñado para asegurar la impunidad, no me voló los sesos de un tiro o me hizo desaparecer en extrañas circunstancias. Dios ha sido bueno conmigo.

II

Fue una paradoja. Luego de aquel homenaje organizado por la AVVE, Bocero se reunió con los abogados de su oficina para comunicarles su retiro. No se trataba de una sorpresa para ellos, pero sí de que ahora se les estaba informando de manera oficial. Les habló con sinceridad y mezclando los temas. Que estaba contento con lo realizado, que admitía el cansancio y el paso de los años, que aún se sentía vigoroso y lúcido para emprender proyectos personales y familiares, que estaba tranquilo sabiendo que su oficina mantendría su idiosincrasia y —«para mí lo más importante», afirmó con emoción en la voz y en los ojos— que su despacho quedaba en manos y mentes capacitadas para seguir defendiendo los casos sobre futuras violaciones a los derechos humanos.

Pero no habían pasado ni veinticuatro horas de aquella sentida comunicación de retiro, cuando los padres de Débora Bellum se presentaron en la oficina de Gamaliel y pidieron ser atendidos por él «en persona, por favor», según le informó su secretaria.

—Don Gamaliel, como aquí en Nefas al final todo se sabe, aún los secretos mejor guardados, nosotros sabemos que usted tiene en mente emprender su retiro —comenzó por decirle la madre de Débora en una llamada telefónica. Bocero se había negado, con diplomacia, a recibirlos en su oficina. La conversación transcurrió de manera cordial, pero Gamaliel insistió en su retirada del foro judicial y les invitó a confiar en los colegas de su estudio.

—No queremos presionarlo, señor abogado. Solo le pedimos que tenga a bien reconsiderar su decisión, siquiera para que este sea el último caso de su vida profesional —fueron las palabras finales de la madre. No acordaron nada en ese momento, salvo que Bocero se comprometía a darle otra vuelta y llamarles más adelante.

Fue difícil echar marcha atrás. Pero luego de conversar con su equipo lo hizo. Gamaliel decidió patrocinar el caso Bellum. Empezó por reunirse con los padres.

—No sabemos si volveremos a ver con vida a nuestra hija —fue lo primero que dijo la señora Bellum en respuesta a una pregunta de Bocero—. Débora sigue en coma. Los médicos hablan de un hematoma intracraneal provocado por el golpe en la cabeza. Cuando la visito y estoy frente a ella me pregunto si algún día despertará de ese sueño profundo —siguió diciendo la mujer con un nudo en la garganta y apretando con las manos la falda que vestía—. Los médicos han sido claros con nosotros, nuestra hija podría morir hoy, mañana o pasado mañana. Al verla en esa cama de hospital, conectada a tubos y máquinas, dudo si ella volverá a recuperar la conciencia, el movimiento, el lenguaje.

La madre enmudeció. El silencio era elocuente. Ella trataba de contenerse, mientras su marido, con ternura, la rodeaba con un brazo y le extendía un vaso de agua servido al comenzar la reunión. Tragando saliva, retomó la palabra y susurrando se le oyó decir:

—No quiero hablar más. Me conozco. Mi llanto hará imposible esta conversación.

Para esa primera entrevista, el matrimonio Bellum le llevó a Gamaliel los antecedentes que tenían a mano. Le entregaron una carpeta que contenía, además de una copia de la denuncia presentada ante el Ministerio Público, una serie de noticias impresas en blanco y negro respecto de lo sucedido con Débora. Y por su parte, antes de recibirlos en su despacho, Bocero también estuvo recorriendo los portales informativos en línea —unos nacionales, otros extranjeros—, buscando cualquier material atingente al caso. Había una multitud de información y se hacía imperioso discernir entre la realidad y la fantasía, entre lo serio y lo absurdo.

—Cuidémonos de no caer en la torpeza de adjuntar a la querella una montaña de bulos. ¡Abundan! —les advirtió Gamaliel al par de abogados que lo acompañaron en esa entrevista inicial—. ¡Haríamos un papelón, un circo que nos costaría la credibilidad!

Leyendo la versión digital del *Facta et veritas*, Bocero se enteró de la inminente formulación de cargos que la fiscalía haría en contra de una serie de funcionarios policiales. Examinando esa noticia con atención, descubrió los nombres de Franco Bonumfidei y de aquel capitán. «¡Esa parejita!», exclamó cuando supo que venían incluidos en la lista de sospechosos de las lesiones causadas a Débora Bellum. «Un día se les escapa el Semental y al otro están involucrados en un caso de apremios. ¡Cómo se las arreglan para saltar a la fama!», seguía rumiando mientras leía.

La semana siguiente a la entrevista con los Bellum, Gamaliel se dispuso a redactar la querella. Para explicarle al tribunal los hechos del caso se valdría de la narración aportada por los padres de Débora ya que eran, hasta entonces, los que mejor lograban ordenar los datos, pese al dolor que los quebraba, y por los testimonios de algunos universitarios aparecidos en un par de reportajes publicados por la prensa y exhibidos en televisión. A eso le sumaría como evidencia dos o tres de esos videos que circulaban por las redes sociales.

Con un papel sobre la mesa y un lápiz entre los dedos, Bocero apuntó la seguidilla de hechos tal como lograba componerla en la cabeza.

Primero: todo sucedió un sábado cualquiera, posterior a ese octubre de fuego. («Tengo que precisar la hora. Me sigue faltando ese detalle»). *Segundo*: un grupo de universitarios organizó e invitó a toda la comunidad a un festival de música y baile frente al edificio de la alcaldía. («Esto sí que me gusta. En tiempos de saqueos y destrucción, estos jóvenes pretendían realizar un tipo de protesta alternativa. Querían que la suya fuera una jornada de alegría»). *Tercero*: había también una lista de oradores que, en distintos momentos y con diferentes estilos, harían uso de la palabra. («¿Será que entre los expositores se contemplaba a la misma Débora? Sé que por talento y voluntad ella no se quedaba atrás»). *Cuarto*: apenas habían transcurrido los primeros sesenta minutos del evento cuando se advirtió la presencia de un grupo de encapuchados y de otros sujetos disfrazados. («Imposible verles la cara»). *Quinto*: se levantó una improvisada hoguera y de pronto el fuego comenzó a expandirse. («Supongo que esto tendré que achacárselos a esos fulanos sin rostro»). *Digresión*: «En este momento, y en lo sucesivo, los relatos se tornan oscuros y contradictorios». *Sexto*: hay quienes afirman haber oído disparos. («Supongo que al aire, ¿verdad?»). Otros recuerdan haber escuchado las sirenas policiales. *Séptimo*: según una compañera de curso, Débora dejó de hacer lo suyo («Hasta ese momento se dedicaba a levantar en alto una pancarta con el verso ¡Sólo exigimos dignidad!») para ir a defender al grupo de manifestantes más próximos a las fuerzas policiales. *Octavo*: se la vio llevar en la mano un escudo de madera y en la cabeza un casco de bicicleta. Sumergida entre una masa de universitarios, Débora se comportó como fuerza de choque frente al escuadrón de policía que había en el lugar. Un muchacho afirma haberla visto aproximarse demasiado a los agentes de seguridad parapetados frente a la entrada principal del ayuntamiento. Otra compañera ha declarado que Débora llegó a estar a no más de tres metros del murallón humano que formaba la policía. *Noveno*: ese fue el momento cuando un proyectil la impactó en la cara. («En el pómulo izquierdo, según logro ver en este vídeo»). *Digresión*: «Advierto su dolor. Está intentando cubrirse la cara con la mano que tenía libre». *Décimo*: unos segundos después Débora fue blanco de un chorro de agua que la cubrió por completo. («¡De arriba abajo!»). *Undécimo*: Bellum trastabilló y, de espaldas, cayó al suelo. La cabeza se estrelló en el piso y su casco se soltó. *Digresión*: «¿Qué vino después? Me resulta complejo saberlo con certeza. Supongo que Débora yacía en la calle mirando al cielo». *Duodécimo*: se produjo una estampida de estudiantes que corrió hacia donde se hallaba Bellum. («¿Se le causarían aquí las lesiones detectadas en la mano izquierda?»). *Decimotercero*: Débora terminó rodeada por un grupo de funcionarios policiales, momentos cuando, a la redonda, según algunos testigos, se escucharon nuevos disparos. («¿Qué hacen estos hombres a su alrededor: la asisten o le asientan el golpe final?»).

Concluido este ejercicio, Gamaliel comienza a cranear cuáles serían las diligencias de investigación idóneas para identificar a los sujetos responsables. Piensa en achicar lo que más pueda el círculo de los individuos que tuvieron injerencia en el curso causal de los hechos. Habrá que indagar quién —por grado y jerarquía— fungía como encargado del operativo; quién conducía el vehículo lanzagua; y quiénes eran los oficiales que portaban fusiles antidisturbios e hicieron uso de estos.

Bocero suelta el lápiz sobre el papel.

Está cansado. Se levanta de su escritorio. Camina hacia el baño sólo para lavarse la cara. Necesita refrescarse y combatir el agotamiento. Luego se dirige al rincón de la oficina donde se encuentra la cafetera eléctrica. Prepara una carga y se anima a beberlo puro. «Sin leche ni endulzante para celebrar mi regreso al trabajo luego de mi tentativa de retiro», piensa mientras espera su infusión. Entonces, se voltea hacia uno de los ventanales del despacho que le permiten ver parte de la ciudad. Se percata del humo en el cielo, señal esta que, otra vez, viene a avisarle que hay barricadas alrededor del edificio. Quizás será mejor apagar la cafetera, verificar si todavía queda alguien a esa hora en la oficina y regresar a casa. Es lo que les ha tocado hacer con frecuencia desde aquel octubre explosivo que tiene a Nefas en ascuas. Sin darse cuenta, ha dejado de moverse y se ha quedado pegado a la ventana. Mirando. Recordando. Piensa en esa juventud que no solo se consume entre disolución y promiscuidad, sino que está convencida de que puede cambiar el mundo. Universitarios idealistas que sin más fuerza que sus intenciones se ponen frente a toda autoridad —familia, escuela, partido político, iglesia, Estado— para provocarla con sus cuestionamientos. Cuando aciertan, toda la humanidad se los agradecerá; pero ¿y si yerran? Pues sufrirán ellos y harán sufrir a otros.

De repente un fuerte ruido que hace retumbar las ventanas de la oficina asusta a Gamaliel y lo fuerza a reaccionar. Observa entonces que el humo en el cielo se ha vuelto más intenso que antes y las sirenas (¿policías, bomberos, ambulancias?) suenan estridentes. La cosa va en serio. La manifestación —sea cual sea su razón— se ha vuelto a ir de las manos. Se convence de que es inoportuno seguir esperando el café. Desenchufa la cafetera, recoge su libreta de notas, pregunta a viva voz por el pasillo del despacho si todavía hay alguien trabajando en algún cubículo y, ante el silencio como única respuesta, apaga las luces y cierra la puerta. Mientras desciende por las escaleras (en estos momentos de locura colectiva conviene abstenerse del ascensor) recuerda la pancarta que Débora Bellum portaba en las manos cuando cayó para no volver a levantarse.

III

—Don Gamaliel, ¿podría usted, por favor, recibirla mañana en su despacho? —le pregunta a Bocero la señora Bellum—. Como le dije, su nombre es Irene Spes. Ella es amiga de nuestra hija y, según nos dijo, junto a un grupo de compañeros de la facultad han logrado recopilar algunos antecedentes que podrían servir en la investigación.

A la mañana siguiente, Irene ya está en la oficina de Gamaliel.

—Gracias por atenderme. Soy Irene, compañera de curso de Débora Bellum —precisa ella al momento de las presentaciones.

Y a los pocos minutos ya están enfrascados con Bocero en la cronología de los hechos del caso, los sujetos sospechosos y las posibles diligencias que convendría pedirle a la fiscalía.

—Don Gamaliel, a través del centro de estudiantes de la facultad se hizo un llamamiento para que los alumnos que asistieron ese sábado al festival de música y baile realizado frente a la alcaldía se anotaran en una lista para declarar sobre lo que vieron y oyeron. Además, se les pidió a los que tomaron fotografías o grabaron vídeos que aportaran las imágenes —continúa explicando la pequeña colorina mientras despliega sobre el escritorio algunas hojas de papel y coloca al menos una decena de pendrives.

Bocero se admira de la seriedad de la chica y del manejo que tiene de la situación.

—Y todavía hay algo más. Con la asistencia de la profesora de Derecho Administrativo, hicimos valer ante la Jefatura Regional de Policía la ley de acceso a la información pública

—afirma Irene con el rigor que la caracteriza cuando se trata de disertar ante el salón o rendir un examen frente a una comisión—. Pedimos que se nos entregara la nómina de los funcionarios que acudieron a realizar el operativo, indicando en cada caso, además de sus nombres y grados, los números de sus placas y cascos. Lo solicitamos así para cruzar esos datos con las imágenes captadas por nuestros compañeros. ¿Y sabe qué? —le pregunta ella a Bocero con cierto tono de Sherlock Holmes. Gamaliel sonríe porque de veras le intriga y le alegra lo que esta muchacha le está informando.

—Por favor, siga. Adelante —replica el abogado.

—Pues que nos fue bien en algunos casos. No logramos saber todo lo que queríamos, pero sí dimos con algunas pistas que podrían ser útiles. Se las explico enseguida —le comenta Spes.

De inmediato Irene empieza a dar una relación de nombres y números que a Bocero le dicen poco y nada. Pero hay tres casos puntuales que le importa verificar.

—Deténgase ahí, Irene. Repítame lo que dijo —la interrumpe en un momento Gamaliel. E Irene lee para Bocero, con calma y cuidando su pronunciación, el nombre y los datos institucionales del capitán que ese día fungió como jefe del operativo.

—Irene, ¿sabe quién es él? ¿Le dicen algo ese nombre y jerarquía?

—No, no mucho. En verdad, cero. Lo siento.

—Tranquila. No pasa nada. Pero ¿recuerda que poco tiempo atrás el Semental fue detenido y al final tuvo que ser puesto en libertad por los defectos legales del arresto?

Irene, como saltando de la silla, con los ojos muy abiertos y dando un involuntario golpe de puño sobre el escritorio, exclama:

—¡Oh, sí! ¡Claro que sí! ¡Ahora que usted me lo dice, lo recuerdo bien! ¡Tiene razón! ¡Es el mismo!

Luego de la emoción expresada por Irene ante el hallazgo de esta coincidencia, Bocero le pide a Spes que siga leyendo. Irene, motivada por sentirse útil en este asunto, continúa su relación de nombres y datos institucionales.

—A ver, Irene. Veamos si esto resulta. En esa lista que tiene en las manos, ¿se dice algo sobre el conductor del vehículo lanzagua y del asistente que manipulaba el chorro?

La colorina Spes no deja pasar ni un segundo. Con la alegría y el alivio de quien responde habiéndose preparado porque con seguridad sabía que le iban a preguntar lo que ahora le están consultando, Irene le entrega a Gamaliel la identificación precisa del funcionario que, el día de los hechos, manejó el vehículo y de aquel otro que ofició como encargado de disparar el chorro de agua.

—Excelente, Irene. ¡Buen trabajo! ¡Felicitaciones!

Y Bocero, aprovechando el impulso y el talento de su interlocutora, quiere saber, de nuevo, si en esa nómina que está leyendo Irene se contiene el nombre de Franco Bonumfidei. Spes entiende la jugada de inmediato.

—Es el otro, ¿verdad? Quiero decir, aquel que hizo pareja con el capitán el día que detuvieron al Semental.

—Exacto, Irene. Tal cual. Me leyó la mente. Veamos, pues, si hay algo en su listado sobre este personaje.

Irene esta vez sí necesita tiempo para leer y buscar. Se concentra. Achina los ojos para barrer el papel con su mirada. Va línea por línea. El documento no se halla ordenado por alfabeto, y encima la letra es pequeña, de modo que el ejercicio tarda más de lo que a ella le gustaría. Pasa de la página uno a la dos, y nada. De la dos a la tres, tampoco. Al llegar a la cuarta y final, por fin vuelve a exclamar:

—¡Aquí está! Franco Bonumfidei, sargento, casco número Jn. 8-32.

—Irene, será necesario situar a este hombre en el sitio del suceso y tener claridad de qué función cumplió ese día. En fin. Eso será tarea para el señor fiscal. Usted y sus compañeros ya han hecho bastante. Y muchas gracias por haber venido a conversar conmigo. Lo valoro.

—Al contrario, don Gamaliel. Gracias a usted por haber aceptado patrocinar la querella en representación de la familia Bellum. Los padres de Débora me contaron sobre su intención de retirarse de la oficina para dedicarse a sus cosas y, sin embargo, aquí veo que lo tienen todavía.

Irene se despide y sale del despacho de Bocero, y este queda a solas en su oficina.

Gamaliel, animado por la motivación que le impregnó la colorina Spes, se hunde en una reflexión. Su lado optimista le hace pensar que, a punta de trabajo, se podrá esclarecer lo sucedido con Débora. «La verdad brota desde la tierra, y la justicia mira desde los cielos», repite él una vez más, como lo hizo en aquellos años duros cuando la tiranía se empeñaba en ocultar sus crímenes y borrar todas las huellas. ¿De dónde tomó esas palabras que ahora cita de memoria? Aunque es incapaz de llegar al salmo donde se contiene esa frase, él sabe que se trata de un verso bíblico. De niño, fue a un colegio confesional y de allí, además del apego a ciertos valores, le han quedado el temor a Dios y la reverencia por las Escrituras. ¿Cuál es la fe de Gamaliel? No es una pregunta sencilla. Los domingos no se lo verá en un templo, sino más bien yendo a la feria a comprar frutas, verduras y pescado o, como hacía hasta hace poco —pese a su edad— jugando fútbol. A simple vista, Bocero no ofrece las credenciales estéticas de la religión ya que fuma, bebe y es feliz bailando apretado con su segunda mujer, y no maneja en la cabeza tal cosa como una teología sistemática. ¿Será capaz de declamar de memoria y sin equivocarse los Diez Mandamientos de Moisés o las bienaventuranzas del Sermón del Monte? No, con seguridad no. Su conocimiento de la Biblia es parcial e imperfecto. Mas si en resumidas cuentas, toda la ley y la profecía se concretan en amar de todo corazón al Señor y también a ese humano que está más próximo, ¿será que Gamaliel Bocero forma parte del grupo de cobradores de impuestos y prostitutas que llegarán al reino de Dios antes que esos sacerdotes que cuestionaban la autoridad de Jesús de Nazaret?

Al día siguiente, Bocero recibirá una llamada de parte de Irene Spes. Ella le informará que hizo la tarea que le cabía realizar al fiscal del caso.

—Don Gamaliel, de acuerdo con una fotografía y un vídeo captados por un chico de mi facultad, el agente policial que usa el casco número Jn. 8-32 se encontraba en una de las entradas laterales al municipio. Según me contó este mismo compañero, allí había un grupo de manifestantes tratando de echar abajo la puerta de acceso. Para eso la golpeaban con un tronco de árbol que entre varios cortaron en el parque. Fue entonces cuando unos diez policías llegaron a proteger esa entrada. Y por los tiempos que hemos calculado, esos diez funcionarios quedaron enfocados en resolver el tema de la puerta, cuando, en el frontis del ayuntamiento se produjo la colisión violenta entre la línea de choque de los universitarios y los agentes de fuerzas especiales. Y ahora sabemos que Débora, el vehículo lanzagua y el capitán a cargo del operativo se encontraban en el frontis del ayuntamiento.

Gamaliel, más admirado hoy que ayer de las habilidades de Irene Spes, le reitera su gratitud por este análisis y cruce de datos. Y antes de colgarle la llamada, con su lenguaje coloquial, se permitió concluir:

—Parece que atrapar a Bonumfidei será más difícil que dar con el Semental.

Un poco más tarde, y usando la información aportada por Irene, Bocero actualizará su querella. Y cuando estará listo para hacérselo saber a los padres de Débora, ellos se le adelantarán por chat avisándole: «Don Gamaliel, vamos de camino al hospital. La condición de nuestra hija ha empeorado. Los médicos nos han citado a una reunión de urgencia».

Capítulo noveno

I

—¡Conocí el evangelio en un motel de carretera! —cuenta Almendra Aequa y estalla en una carcajada liberadora. Las mujeres que la rodean en la mesa hacen lo mismo—. Siento desilusionarlas, amigas mías, pero ante todo la verdad, a mí no se me apareció el ángel Gabriel en el patio de mi casa para decirme que Dios me andaba buscando —sigue relatándoles a esas chicas que la oyen con atención. A ellas les encanta la frescura con que les habla Almendra, sin tapujos—. Gabriel fue para mí el nombre del amante de turno que ese día me dejó plantada en el motel. Y allí estaba yo, fumando un cigarrillo tras otro, mirando el techo, consultando el reloj, con todas mis ganas de gritar y hacer acrobacias en una noche de placer y, de pronto, me hallo acostada en una cama, sola, abrazando una almohada y con deseos de llorar. ¡Patético!

Almendra es honesta. Si esa mañana en su iglesia le han preguntado cómo llegó a la fe, ha decidido contestar abriendo su vida más que disparando diez versículos por minuto.

—Cuando me terminé el último cigarro y entendí que el tal Gabriel no llegaría, opté por ducharme y preparar mi salida de esa habitación acondicionada como si fuera un camerino de cabaré. Al secarme el pelo frente al espejo vi de pronto en el reflejo un libro de tapas azules con letras doradas. Mi curiosidad lectora me llevó a él. Fui a tomarlo aún con el pelo húmedo y a medio vestir. Era una de aquellas porciones de la Biblia que algunos misioneros van dejando por los rincones más impensados del universo. Lo tomé y le fui haciendo un zapeo a mi antojo. Comencé a ojearlo con el morbo de lo prohibido —y dicho esto último vuelve a reír a carcajadas—. ¡Como si acostarme con Gabriel, un hombre casado y padre de familia, me hubiera estado permitido!

Y entonces les cuenta el resto de su historia. Que se quedó leyendo hasta al amanecer. Que hubo pasajes que le gustaron, pese a que los encontraba «demasiado esotéricos». Que algo, muy a lo lejos, había escuchado sobre un niño en un pesebre que de adulto colgó de una cruz. «Pero entre todas las páginas que revisé esa madrugada —de seguro la noche más extraña de mi vida— mi favorita fue la de esa mujer que derramó un perfume en los pies de Jesús en casa de un fariseo llamado Simón. Me impactó que se escribiera de ella que su historial de pecados era tan largo como su cabellera y, a la vez, "que ella amó mucho", cosa que el dueño de casa fue incapaz de hacer aun siendo un experto en la ley mosaica».

Almendra piensa que, si su vida hasta ese momento había sido rocambolesca, mucho más extraordinario e inverosímil era aquel Mesías que se dejaba tocar por las pecadoras.

«Desde mi adolescencia supe combinar mis excesos con mis estudios. Por eso mis padres no sabían qué hacer conmigo porque aprobaba las materias y pasaba los cursos, pese a mis dedos amarillentos, mis ojos rojos y mi tufo a trago».

La familia Aequa proyectaba orden y disciplina. Los vecinos muchas veces así se lo hicieron saber a los padres de Almendra. Ella pintaba para ser la niña modelo del exclusivo condominio donde vivían. Esta fachada se hizo aún más patente cuando Almendra obtuvo el puntaje necesario para matricularse en la facultad de Ciencias Jurídicas de la Universidad de Nefas. «Felicitaciones, doctora», le decían con cariño y buen humor la gente del barrio cuando se enteraron de que la señorita Aequa apostaba por estudiar Derecho y ejercer la abogacía. «Sí, la niña tiene dedos para el piano», sentenció su abuela materna. Y toda la parentela le avivó la fiesta.

Sus años en la facultad fueron la prolongación de lo que venía haciendo en la adolescencia, aprobaba con éxito su plan de estudios y se echaba por la nariz y la garganta todo lo que se le ofreciera por delante. Fue temeraria, corrió riesgos, y vez tras vez supo salir bien librada. «Gata de siete vidas», llegó a decirle su madre con impotencia una noche cuando la vio regresar ilesa a la casa luego de haber manejado el automóvil de su padre con el cerebro saturado de alcohol. «Esa noche Almendra se fue a dormir», recuerda la madre, «y a la mañana siguiente se presentó a rendir un control parcial de Derecho Penal, ¡y lo aprobó!».

Por sus buenas calificaciones logró conseguir un cupo en un prestigioso estudio jurídico. Así, el último año de la carrera ya pudo independizarse de sus padres y rentar un departamento en el centro de la ciudad.

—Además, mis vicios estaban colmándole a mis viejos la poca paciencia que les quedaba conmigo. Cuando salí de la casa, los noté entristecidos, pero también aliviados.

Desde sus años en la facultad, Almendra se inclinó por el Derecho Penal. Escribió su memoria de grado distinguiendo los conceptos de dolo eventual y culpa consciente a la luz de la jurisprudencia de la Suprema Corte de la Nación. Al comenzar a ejercer la abogacía ofició tres años como querellante en representación de víctimas de delitos violentos como homicidios, lesiones, violaciones, robos con intimidación, etc. Luego, tuvo un paso de cinco años por el Ministerio Público y después —aunque sólo por dos años— incursionó también en la Defensoría Penal Estatal. Este peregrinaje profesional le permitió ganar experiencia y tener una mirada completa del sistema de justicia criminal. Al cumplir su primera década como litigante, postuló a la Academia Judicial de Nefas. Fue admitida, cursó el programa de preparación y a corto andar ya estaba ejerciendo la judicatura en asuntos penales.

En paralelo no le privó a su cuerpo ninguna de las extravagancias que se le apeteciera probar. Quiso comerse el mundo a grandes mascadas. Se dijo a sí misma que esto era sin prohibiciones, total «lo que no me mata, me hará más fuerte». Tuvo novios, enamorados, pretendientes y tres veces llegó a pensar en el matrimonio. Fue infiel con ellos y no se ofendió que lo fueran con ella. En una de aquellas fiestas de fin de semana —casi siempre en casonas elegantes y de barrio alto— se entregó a un hombre, pero no recuerda a quién. A las semanas se confirmó su embarazo. Se angustió un par de días, mas ante todo fue práctica. Supo dónde y cómo gestionar un aborto de forma discreta. Además, podía pagarlo. Luego de expulsar al feto de su vientre, «me sentí como mis padres el día que salí de casa: entristecida, pero aliviada».

Esa noche en el motel no fue Gabriel el que llegó a su vida. Fue el Espíritu de Dios. Al retirarse de ese lugar, le preguntó a la administradora si podía llevarse el libro que la interpelaba como lectora. La regenta, al verla salir sola y, encima, preguntando si podía llevarse ese trozo de Biblia, la miró con ternura. No pudo evitarse el comentario que le salió del alma: «Lléveselo nomás, hija mía».

Almendra nunca había orado al cielo. De regreso a su casa, mientras conducía su automóvil, se detuvo a la berma del camino. «No lo sé explicar. De pronto fue como si toda mi vida se me pasara por delante, como en una película o en una cascada de *flashbacks*. Me vi desnuda, vacía. Sentí un aroma de muerte sobre mí. Lloré como niña. Estaba paralizada sin saber qué hacer».

Esos gritos y lágrimas le fueron contados por justicia. Dios la amó y decidió llamarla para sí. «No me cambió el nombre ni me pidió renunciar a mi profesión. Soy la misma. Pero, en simple, Jesús me perdonó y me hizo renacer aun siendo vieja».

Con la ayuda de Tania, una de sus primeras amigas en la iglesia, aprendió a leer la Biblia y reaccionar a ella con sus propias palabras.

—Eso es orar, Almendra. No hay más —le enseñó Tania.

Comenzó a leer las Escrituras con los ojos de adulta y un corazón de niña. Con los meses y años, se fue encariñando con algunas historias del antiguo Israel. Tiene cuatro como favoritas. Todas protagonizadas por mujeres: Tamar, Rajab, Betsabé y Rut. Las siente íntimas, sus amigas. Anoche soñó con ellas. Estaban sentadas en círculo y ninguna se atrevía a hablar.

—Está bien. Para romper el hielo seré la primera. Me saltaré los detalles para ir al punto: me acosté con mi suegro. Sí, lo que oyen. Lo engañé, eso sí, porque él me engañó primero. Él nunca supo que fue a mí a quien tomó para satisfacer su carne. Creyó de veras que contrataba a una prostituta más. En fin. Mi bebé nació de ese nada romántico encuentro clandestino. Vamos, ahora sigues tú —le dice ofreciéndole la palabra a su segunda tertuliana.

—Si me lo pides así, pues no me escapo. Aquí voy, a diferencia tuya, yo sí era una profesional del sexo pagado. Fueron decenas los hombres que pasaron por mi cuerpo. Pero ninguno de ellos (¡jamás!) descifró el misterio de mi interior. Sus besos y caricias nunca lograron traspasar la superficie de mi piel. Solo me dejé embarazar cuando por fin di con uno que me pareció auténtico. Me enamoré de él. Era un espía que una vez llegó a mi casa no buscando mis carnes, sino más bien un refugio donde esconderse de sus perseguidores. Por él mudé mi pueblo, mi lengua y mi dios. Nuestro hijo llegó al mundo un día corriente y sin gloria, pero nos hizo felices. Vamos, lo dije. Es tu turno. —Y así le toca el hombro a la tercera de las presentes.

—Gracias, amiga. Habrán notado por mi piel y mi acento que soy inmigrante. Para amar y ser amada crucé la frontera. No quería quedarme en la viudez ni dejar que la muerte dijera la última palabra. Me apoyé en los consejos de una anciana. Me enseñó el arte de la seducción. Me atreví a dar los primeros pasos y, sí, acabé excitando los estímulos del que luego sería mi segundo marido. Cuando nació nuestro hijo, los días fueron más claros y luminosos. Es todo. ¿Te animas a seguir tú? —dice quien ahora se calla y le entrega la palabra a la cuarta mujer.

—Aquí voy. Me tendrán que esperar si acaso lloro y me quiebro. Decido empezar por el día de mi violación. Él era el hombre más poderoso de la nación. Me crucé un día ante sus ojos y su obsesión por mí no paró hasta dar muerte a mi marido. De esa agresión surgió una vida incipiente dentro de mí que sobrellevé por nueve meses. Mas a la semana de haber nacido, el niño dejó de respirar. Se fue para siempre. Me costó rehacerme de los golpes. Pero estoy aquí, volví a creer, decidí querer y estos senos amamantaron un bebé que —a la vuelta de los años— fue sabio como pocos. Ya está, queridas. Se los he dicho todo.

Tamar, Rajab, Rut y Betsabé guardan silencio. Y en eso rodean a Almendra para que esta, otra vez, les vuelva a contar la historia del motel.

II

Almendra Aequa oficia en la actualidad como jueza de garantía. Entre sus tareas le corresponde asegurar los derechos del imputado y la víctima en el proceso penal, dirigir una serie de audiencias como formulación de cargos, imposición de prisión preventiva, exclusión de pruebas ilícitas, etc., además de dictar algunas sentencias en ciertos procedimientos específicos, resolver los casos de responsabilidad penal juvenil y encargarse de la ejecución de las condenas criminales. Por eso visita las cárceles con frecuencia y se entrevista con los presos.

A ella le gusta su trabajo y lo hace con esfuerzo, pero ha tenido que defenderlo en más de una ocasión frente a quienes no lo comprenden. Sin duda el debate más áspero lo tuvo con su padre. Ocurrió en una —hasta ese momento— apacible sobremesa de domingo. Comenzaron hablando sobre el precio del pan, pasaron luego a los intereses que cobran los bancos por los créditos hipotecarios y llegaron a la cólera que estalló en Nefas ese mes de octubre cuando una de las consignas fue «¡Sin lucro ni lujo!».

—Hija mía, ¿no será que el nicho penal, por concentrar la maldad humana en su máxima expresión, acabará volviéndote una mujer ruda? ¿No has pensado en algo más femenino? ¿Algo así como resolver conflictos sobre incumplimientos en los pagos de las pensiones alimenticias o bien, los divorcios y nulidades matrimoniales?

Almendra abrió los ojos, respiró profundo, fijó su mirada sobre la ya vacía taza de té y dejó pasar unos segundos de un incómodo silencio. Cuando su sangre alcanzó el punto de ebullición, puso el grito en el cielo.

—¡Pero, papá! ¡¿Qué me estás diciendo?! ¡Eso sí que es de un machismo cavernario!

Y, bueno, como palabras sacan palabras, esta disputa familiar acabó con la madre encerrada en la cocina y tapándose los oídos y les costó a padre e hija congelar sus relaciones por un año. Volvieron a hablarse cuando el calor de unas vísperas de Navidad les forzó a reconciliarse, aunque ninguno de los dos cambió de opinión.

Algo similar sucedía en los tribunales de ese Nefas perplejo en tiempos de revuelta. Había un patrón que se repetía con la fidelidad de una gotera, luego de las manifestaciones y protestas callejeras, los juzgados se repletaban de personas detenidas.

—¿Con qué seguimos ahora, fiscal? —preguntaba un magistrado cualquiera a un agente del Ministerio Público entre una audiencia y otra.

—Con una universitaria detenida por arrojarle un artefacto explosivo a una patrulla de policías que pasaba cerca del campus de filosofía y letras —respondía el fiscal. Quince minutos después, los roles se invertían.

—Y ahora, fiscal, ¿con quién seguimos? —volvía a consultarle su señoría—. A continuación, magistrado, viene un funcionario de fuerzas especiales denunciado de haber realizado actos de relevancia y significación sexual en contra de una de las jóvenes arrestadas el día de la marcha por la democracia —le contestaba el persecutor. Y así, desde aquel octubre, estas audiencias transcurrían de lunes a lunes, pero en especial, los sábados por la mañana pues las tardes de los viernes solían ser tiempos de locura.

Tal como en su momento lo afirmó Alf Ross, dentro de la cabeza de Almendra conviven —y a ratos pelean— dos conciencias. En un rincón del cuadrilátero, ella se sabe una profesional del Derecho y, como tal, una funcionaria pública sometida al ordenamiento jurídico («las sentencias deberán dictarse de acuerdo con el mérito del proceso»; sí, claro, lo recuerda de memoria). Pero en el otro extremo de la lona, se halla esa mujer que piensa, siente y sufre el mundo desde su particular cosmovisión (incluyendo sus prejuicios): la cuna donde nació, el barrio donde fue criada, sus viajes al extranjero, los idiomas que habla, las drogas que probó, los hombres que amó y odió, las peleas con su padre, sus lecturas bíblicas, sus crisis de fe, el candidato por quien votó en las últimas elecciones presidenciales y su pasión por cultivar flores y árboles frutales en su casa de campo. La segunda conciencia de Almendra Aequa es, en una frase corta, su naturaleza humana pura y simple. Por eso, la jueza Aequa tiene claro qué hacer con el sujeto que cubre su rostro con un pasamontaña y le arroja un cóctel molotov a la guardia montada («Señor fiscal, si me pide la prisión preventiva se la concedo con mucho gusto»). Pero Almendra, la hija de su tiempo, le ofrecería a ese mismo encapuchado el beneficio de la duda («¿Es legítimo exigir la responsabilidad de quien ha perdido su libertad para escoger cómo comportarse por estar sumido en un mundo de carencias?»).

Era invierno cuando Almendra volvió a leer el Evangelio de Juan. Allí se estrelló con aquella mujer «sorprendida en el acto mismo del adulterio, maestro», según el testimonio de los escribas y fariseos que la habían capturado. Observó que Jesús se abstuvo de practicar la sugerencia de los aprehensores y, al contrario, «en vez de usar las manos para tomar una piedra, usó los dedos para escribir en la tierra», comentó Almendra en su iglesia. En su Biblia está destacado con amarillo el verso que dice «Yo tampoco te condeno. Vete; y desde ahora no peques más».

Por eso, cuando llegó la primavera, y con ésta la multitud de jóvenes detenidos por querer cambiar a Nefas a cualquier precio y sin escatimar en los medios, Almendra los mira como imagina en su cabeza que Jesús miró a esa adúltera. «Al menos les voy a conceder el beneficio de buena fe», se dice a sí misma y en ocasiones se lo dice a quienes la critican. «Sí, además por ley estoy obligada a presumir la inocencia de estas personas, a menos que la evidencia me indique lo contrario».

Y es que Almendra Aequa ha sido criticada muchas veces y de distintas maneras. «Cada sentencia mía debe ser del gusto de los intervinientes del proceso, de las cortes superiores de justicia, de los científicos del Derecho, de la prensa y de la población. ¡Me enerva!», afirma con un dejo de molestia en la voz. «Trabajo tomando decisiones. Y por cada decisión que tomo surge, cuando menos, una voz disidente».

En su experiencia, las críticas más feroces que ha recibido estaban asociadas a esa clase de casos en los que existía una alta expectativa de castigo. «Esperaban de mí que dejara caer la espada de la coacción sin piedad. Más que justicia, muchos pretendían un ajusticiamiento», recuerda Almendra ante un grupo de estudiantes que la visita en su tribunal como parte de un curso de Derecho Penal aplicado. Y abriendo el archivo de su memoria, ella encuentra algunos ejemplos vivientes y se los comparte.

—Rechacé la prisión preventiva de un muchacho imputado de injuriar y lesionar a una oficial de policía al momento de un control de identidad.

—¿Por qué, Señoría?

—Lo decidí así porque la fiscalía no me aportó elementos de cargo que permitieran dar por acreditado el hecho.

—¿Le trajo alguna repercusión mediática?

—Sí, claro. Me dedicaron una editorial tildándome de «jueza anarquista» y calificándome como «peligro para la seguridad de la sociedad».

—¿Algún otro ejemplo que nos pueda relatar?

—Dejé en libertad a un agente de policía imputado de agredir a un manifestante con su arma de servicio.

—¿Había alguna razón para no someterlo a prisión preventiva?

—La lesión de la víctima era indisputable, pero la autoría de ese funcionario era apenas una suposición del Ministerio Público con nula evidencia de respaldo.

—¿Hubo alguna reacción pública tras ese fallo suyo?

—¡Muchas! La más suave me apodaba de «jueza fascista», de cómplice pasiva de la violencia policial y se me amenazaba con una denuncia internacional por mi desprecio a los tratados sobre derechos fundamentales.

—¿Fue ese el reproche más severo formulado en su contra?

—Quizás sí. Pero compite con el descrédito que me gané cuando me negué a privar de su libertad a un anestesista imputado de haber abusado de una paciente que alegaba haber sido tocada en sus genitales.

—¿Qué la llevó a no imponerle la prisión preventiva?

—Primero, la falta de antecedentes que acreditaran la ocurrencia del hecho. Segundo, el relato de la víctima era contradictorio en cuanto a la identidad de su agresor. Y, tercero, no había razón para temer la fuga del anestesista.

—¿Qué sucedió cuando se hizo pública su resolución?

—En las redes sociales mi nombre y fotografía se asociaron al de una autoridad indolente respecto de la mujer. Que yo era una hembra con mentalidad patriarcal. Que por féminas como yo el machismo iba en escalada. Y que lo mejor que podría hacer para limpiar el nombre de la función judicial era renunciar a mi cargo en un acto de disculpas públicas y desagravio para aquella paciente.

Cuando los estudiantes terminan su entrevista, Almendra regresa a cada uno de estos episodios. Es complicado volver al tribunal al día siguiente de un linchamiento. Con todo, su convicción sigue siendo «sin imparcialidad, no habrá justicia; y sin compasión, solo será venganza».

III

Almendra Aequa lo mira a los ojos. Franco Bonumfidei se descubre observado por esta mujer de toga y martillo, pero le resiste la mirada sin pestañar y siente —como nunca— que su libertad pende de un hilo. Mientras oye a la jueza aludir por enésima vez a los hechos del caso y a un sin número de normas jurídicas, la mente de Franco vuela lejos hasta llegar a los labios de María Belén, la mujer que de niña le regaló en el colegio esa estrella de *sheriff* que impulsó su vocación.

Aequa sigue leyendo una resolución tan larga como los días que ha tomado esta audiencia. Han sido siete en total. La crispación social se siente a flor de piel. Los medios de comunicación han cubierto la maratón judicial día por día. Las redes sociales reproducen a gritos los miedos y esperanzas de una ciudadanía que anhela no sabe todavía qué. En fin. Ha sido otra semana en la que Nefas se ha seguido revolcando entre los escombros, incapaz de dar con un camino hacia un espacio de vida buena donde todos quepan. Hay voces que llaman a firmar un pacto usando las reglas de la democracia, mientras otras insisten en perpetuar la insurrección callejera.

Almendra se encomienda al Juez del Universo, abre la boca y sentencia: «Por las razones antes vertidas, el tribunal rechazará por inoportuna la petición formulada por la defensa del señor Bonumfidei en punto a sobreseerlo de esta causa, como también rechazará la solicitud de la fiscalía y de los querellantes en cuanto a someterlo a prisión preventiva por el tiempo que se prolongue esta investigación».

Los cuchicheos explosionan en la sala de audiencias. «¡Silencio!», profiere Almendra con voz dura mientras golpea el estrado con su martillo. Y cesado el murmullo, sigue leyendo su decisión.

Irene Spes, sentada entre el público, mira la espalda y la nuca de Bonumfidei. Ha tomado notas en su libreta. En su imaginación juega a ser esa Hannah Arendt que viajó como corresponsal para cubrir el juicio contra Adolf Eichmann en Jerusalén. En el cerebro empieza a traducir en lenguaje sencillo la información judicial que acaba de oír, pues saliendo de aquí llamará de inmediato a los padres de su amiga Débora.

Gamaliel Bocero, agotado por lo extenso de la jornada, pero satisfecho por el trabajo realizado, celebra que el tribunal haya rechazado la solicitud de Bonumfidei de tenerlo por excluido de esta investigación. Y ya se debate —entre dudas y certezas— sobre la conveniencia de apelar en contra de la libertad provisional que le ha sido concedida a este imputado. Por lo demás, en su fuero interno se quita el sombrero en señal de respeto ante esa jueza que, minutos atrás, decretó la prisión preventiva del capitán a cargo del operativo («¡Cómo caíste del cielo, lucero de la mañana!», declama Bocero de forma inaudible) y de aquella pareja de policías que maniobraron el vehículo lanzaguas.

Entre las butacas reservadas para la prensa acreditada se encuentra Jenifer Gaudium. Se siente extraña haciendo periodismo forense. No es lo suyo. Mas ha querido estar allí adentro para recoger los trozos de vida que le permitan recrear con fidelidad el caso Bellum. Esta noche dedicará un capítulo especial del *Inter carmina loquentes* para dar cuenta de la relevancia de este hito judicial. Y aunque no lo dirá a viva voz, se irá conflictuada por haber visto en el banquillo de los imputados a ese policía que la atendió con amabilidad cuando fue a la comisaría a denunciar el robo de sus cosas.

Siguiendo la audiencia a través del sitio web del poder judicial, se encuentra Marcos Ruiz sentado en un sillón de su departamento. En su corazón de pastor va depositando, al mismo tiempo, las cosas que comprende y aquellas que ignora. Por estos días se encuentra fuera de la cobertura de la iglesia institucional, pero atento a los vientos del Espíritu para asumir su próxima misión. Viene experimentando desde hace tres semanas un despertar de su fe. Sus madrugadas, entre Biblia y café, han sido escenarios de un avivamiento personal que lo lleva a leer en voz alta el Salmo 80 una y otra vez. «Restáuranos, oh Dios, y haz resplandecer tu rostro sobre nosotros, y seremos salvos». Cony, su mujer, lo sigue amando y ha prometido apañarlo donde sea que vayan a dar.

Mateo Docere, y los profesores del claustro académico, escuchan a ratos, entre clases y recesos, los avances del caso que transmite la radio. Leen desde sus teléfonos móviles los reportes que circulan por internet y miran las cápsulas televisivas que se elaboran sobre este proceso penal. Docere, atento a cualquier oportunidad que le sirva para provocar la reflexión entre sus estudiantes, ha usado este caso para levantar preguntas sobre los ideales proclamados en la carta fundamental de Nefas: «Las personas nacen libres e iguales en dignidad y derechos».

Mientras todo esto sucede, y el planeta sigue girando sobre su propio eje, en una cama del hospital Patiens yace, aún en coma, Débora Bellum. En su inconciencia y desconectada de todo cuanto está sucediendo en esa sala de audiencias, ella habla con uno, al que siglos atrás, el anciano de Patmos describió como alguien «semejante al Hijo del Hombre, vestido con una túnica que le llega hasta los pies y ceñido por el pecho con un cinto de oro». Ella intenta mirarlo, pero sólo comprueba que su «rostro es como el sol cuando brilla con toda su fuerza». Al verlo, cae como muerta a los pies. Pero entonces él pone la mano derecha sobre ella y le dice: «No temas. Soy el Primero y el Último, el que vive y estuve muerto». Y, sin más, sopla en la nariz el aliento de vida.

Una enfermera, apostada al lado de la cama donde reposa el cuerpo de Débora, se encuentra de espaldas a ella haciendo la limpieza diaria de la habitación. Es la única persona presente en el lugar, además de la paciente Bellum. Queda petrificada cuando al agacharse para recoger una jeringa del suelo y echarla a la basura, escucha una voz de mujer que pregunta «¿dónde estoy?», con la pereza de quien viene despertando de una siesta.

(... fin...)